浙江省机动车维修技术人员从业资格培训教材

发动机与底盘检修技术

（模块 D）

浙江省机动车维修技术人员从业资格培训教材编写组　编

孟　辉　主编

吴莉尔　黄　健　郑复凡　参编

人民交通出版社

内 容 提 要

本书为浙江省机动车维修技术人员从业资格培训教材。全书共分五篇，内容包括：机修基础知识、发动机的结构与检修、车辆底盘的结构与检修、车载网络系统与车身电控系统、车辆故障综合诊断。

本书适用于机动车维修技术人员从业资格考试前复习参考使用。

图书在版编目(CIP)数据

发动机与底盘检修技术：模块 D/孟辉主编. --北京：人民交通出版社，2013. 3

ISBN 978-7-114-10359-9

Ⅰ. ①发… Ⅱ. ①孟… Ⅲ. ①汽车—发动机—车辆修理②汽车—底盘—车辆修理 Ⅳ. ①U472. 4

中国版本图书馆 CIP 数据核字(2013)第 023284 号

浙江省机动车维修技术人员从业资格培训教材

书　　名：**发动机与底盘检修技术**（模块 D）
著 作 者：孟　辉
责任编辑：顾熵鲁　张　兵
出版发行：人民交通出版社股份有限公司
地　　址：（100011）北京市朝阳区安定门外外馆斜街 3 号
网　　址：http://www.ccpress.com.cn
销售电话：（010）59757973
总 经 销：人民交通出版社股份有限公司发行部
印　　刷：北京市密东印刷有限公司
开　　本：720 × 960　1/16
印　　张：13.25
字　　数：180 千
版　　次：2013 年 3 月　第 1 版
印　　次：2015 年 1 月　第 2 次印刷
书　　号：ISBN 978-7-114-10359-9
定　　价：32.00 元
（有印刷、装订质量问题的图书由本社负责调换）

前言

FOREWORD

交通部颁布实施的《道路运输从业人员管理规定》，规定了机动车维修技术负责人、质量检验人员及从事机修、电器、钣金、涂漆、车辆技术评估（含检测）作业的技术人员实行从业资格考试制度。从业资格考试是根据浙江省道路运输管理局印发的《浙江省机动车维修技术人员从业资格培训大纲》、《浙江省汽车维修企业价格结算员、业务接待员、汽车车身美容装潢工、轮胎修理工、摩托车维修工从业资格考试大纲》、考试题库、考核标准、考试工作规范和程序组织实施。

为配合浙江省机动车维修技术人员从业资格考试，做好相关的从业人员的培训工作，我们组织相关老师及长期从事技术管理的有关人员，编写了浙江省机动车维修技术人员从业资格培训教材。本套丛书共13册，分别为：《职业道德和法律法规（模块A）》、《技术质量管理（模块B）》、《维修检验技术（模块C）》、《发动机与底盘检修技术（模块D）》、《电器维修技术（模块E）》、《车身修复（模块F）》、《车身涂装（模块G）》、《车辆技术评估（模块H）》、《汽车维修价格结算（模块I）》、《汽车维修业务接待（模块J）》、《汽车美容与装饰（模块K）》、《汽车轮胎修理（模块L）》、《摩托车维修（模块M）》。

本教材是依据浙江省机动车维修服务的实际需要，配合浙江省维修企业管理部门的要求及从业人员在职学习的特点，按照理论与实践相结合的原则编写的。在注重加强机动车维修技术人员的理论学习与实际操作能力提升的同时，也适当加入了机动车维修发展的前沿技术等方面的知识。

本书由杭州技师学院的孟辉老师担任主编，吴莉尔、黄健、郑复凡担任参编。

由于时间仓促和编写的水平有限，书中难免存在一定的疏漏和不足之处，敬请业内同行和使用者批评指正，以便教材再版时不断修改完善与提高。

浙江省机动车维修技术人员
从业资格培训教材编写组
2013 年 1 月

第一篇　机修基础知识

第二篇　发动机的结构与检修

第三篇　车辆底盘的结构与检修

第四篇　车载网络系统与车身电控系统

第五篇　车辆故障综合诊断

第一篇

机修基础知识

第一章 机械基础知识

第一节 机械识图

一 零件图的识读

1. 零件图的作用

在制造及生产过程中，直接指导制造和检验零件用的图样称为零件工作图(简称零件图)。在汽车维修过程中，常需要按照零件图来修复和制配零件。正确、熟练地识读零件图，是汽车维修技术人员必须掌握的基本功之一。

2. 零件图的内容

从图1-1-1所示的拨叉零件图中可以看出一张零件图应具备以下内容：

(1)一组视图。

(2)完整的尺寸。

(3)必要的技术要求。

(4)标题栏。

3. 零件图的视图

在进行零件图的识读时，要根据各图形间的投影关系，想象出零件的立体形状，所以要了解其图形的表达特点。如图1-1-2所示为T形体的三视图。

主视图一般是一组图形的中心内容。在看零件图时，一般总是从主视图开始的，一般把最能反映零件结构形状特征的一面作为主视图的投

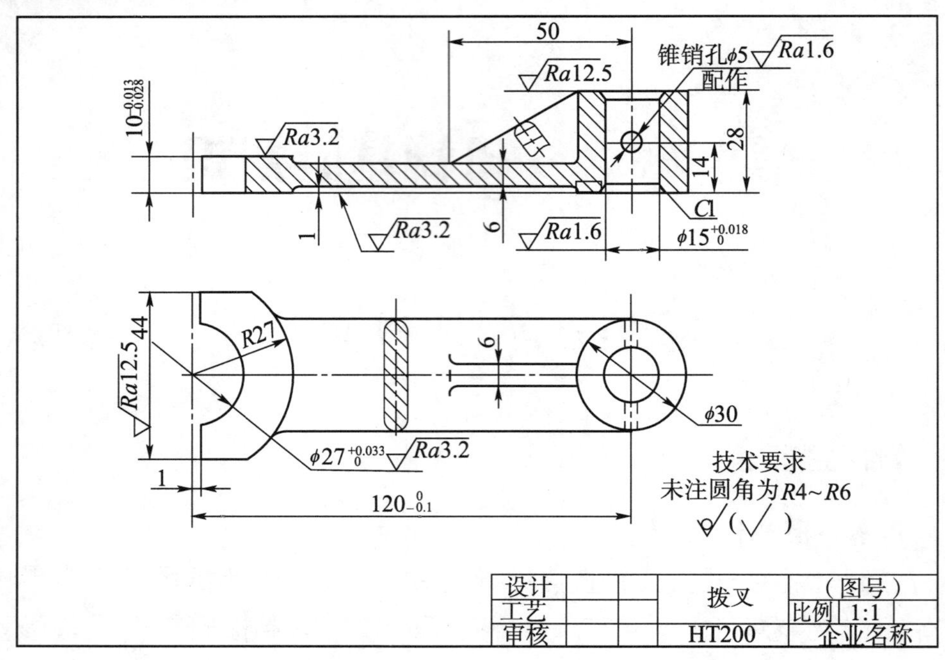

图 1-1-1 零件图的内容

影方向。

4. 零件图上的尺寸标注

在对零件进行加工、检验和度量时，其零件图上标注的尺寸是完成这些工作的主要依据。因此，图样上所标注的尺寸，应达到标注准确、完整、清晰和合理的要求。

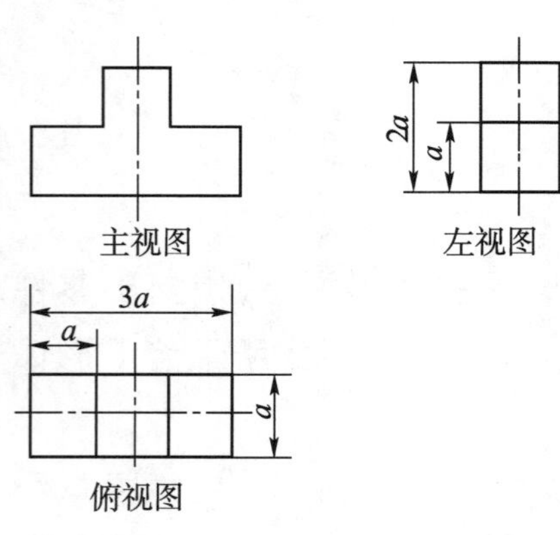

图 1-1-2 T 形体的三视图

5. 零件图的识读方法与步骤

识读零件图的一般步骤是：

（1）看标题：主要了解零件的名称、材料、数量及所采用的比例。

（2）分析视图：想象出零件的形状与结构。

（3）读零件上的尺寸：明确各部分的大小及相对位置。

（4）看技术要求，掌握技术质量指标。

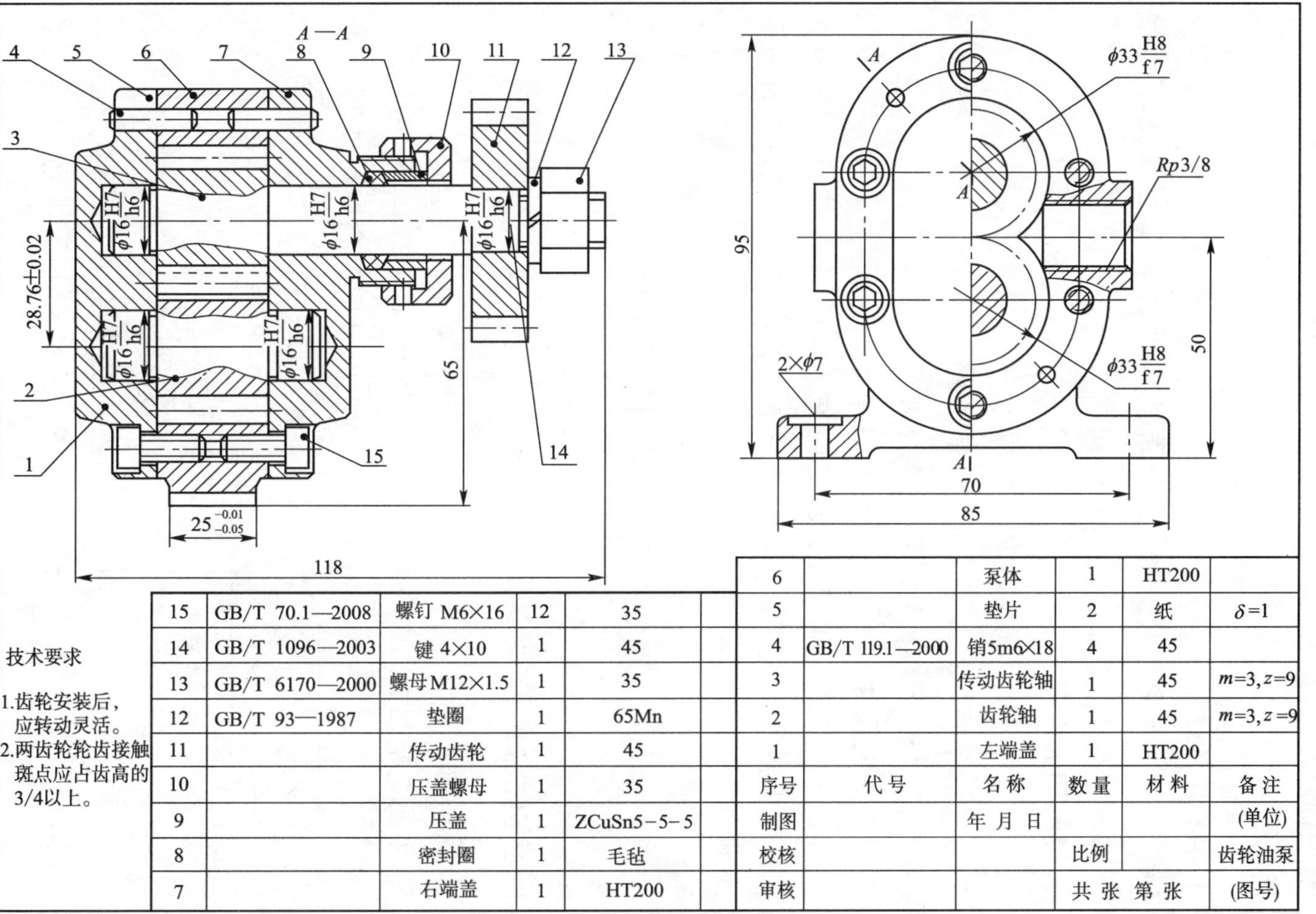

序号	代号	名称	数量	材料	备注
15	GB/T 70.1—2008	螺钉 M6×16	12	35	
14	GB/T 1096—2003	键 4×10	1	45	
13	GB/T 6170—2000	螺母M12×1.5	1	35	
12	GB/T 93—1987	垫圈	1	65Mn	
11		传动齿轮	1	45	
10		压盖螺母	1	35	
9		压盖	1	ZCuSn5-5-5	
8		密封圈	1	毛毡	
7		右端盖	1	HT200	

序号	代号	名称	数量	材料	备注
6		泵体	1	HT200	
5		垫片	2	纸	$\delta=1$
4	GB/T 119.1—2000	销5m6×18	4	45	
3		传动齿轮轴	1	45	$m=3, z=9$
2		齿轮轴	1	45	$m=3, z=9$
1		左端盖	1	HT200	
制图		年 月 日			(单位)
校核			比例		齿轮油泵
审核			共 张 第 张		(图号)

图 1-1-3　齿轮油泵装配图

二 装配图

1. 装配图的作用

装配图是表示零件或机器的工作原理、零件之间的装配关系和连接方式等要求的技术文件。

2. 装配图的内容

图 1-1-3 所示为发动机上的一个齿轮油泵的装配图。

从齿轮油泵装配图上可以看出一张完整的装配图有下列内容：一组视图、必要的尺寸、技术要求、零件序号和明细、标题栏等。

3. 装配图的尺寸

在装配图中应标注以下几类尺寸：性能（规格）尺寸、装配关系尺寸、安装尺寸、总体尺寸等。有时还要注意某些部件设计时经过计算或根据某种需要而确定的尺寸。

第二节　机 械 零 件

一 公差与配合的基本术语及定义

1. 孔和轴

孔主要是指圆柱形内表面，也包括其他内表面中由单一尺寸确定的部分；轴主要是指圆柱形外表面，也包括其他外表面中由单一尺寸确定的部分，如图 1-1-4 示。

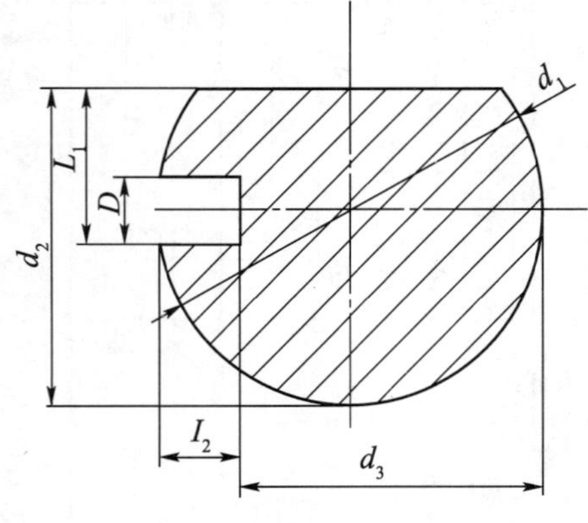

图 1-1-4　孔和轴示意图

2. 尺寸

（1）尺寸：用特定单位表示长度数值的数字，如直径、半径、深度、宽度等。

（2）基本尺寸：是指设计给定的尺寸。

(3)实际尺寸:是通过测量得到的尺寸。由于测量误差难以避免,所以实际尺寸并非尺寸的真值。

(4)极限尺寸:是指允许尺寸变化的两个极限值,由使用上的要求确定,其中较大的一个极限值称为最大极限尺寸,较小的一个界限尺寸称为最小极限尺寸。

(5)作用尺寸:作用尺寸是实际尺寸和形位误差相结合的结果,所以,孔和轴的实际配合效果不仅取决于孔、轴的实际尺寸,而且也与孔、轴的作用尺寸有关。

3. 尺寸偏差、公差及公差带

(1)尺寸偏差(简称偏差):是指某一尺寸减其基本尺寸所得的代数差。

(2)尺寸公差(简称公差):是指尺寸允许的变动量。

(3)尺寸公差带(简称公差带):代表上偏差和小偏差两条直线所限定的区域。

(4)基本偏差:用来确定公差带相对零线位置的上偏差或下偏差。一般指靠近零线的那个偏差。

二　常见机械传动形式

传动系统是置于原动机与执行机构之间,将原动机产生的机械能传送到工作(执行)机构上去的中间装置。

机械传动根据其传动原理的不同,分为啮合传动(如齿轮传动、行星齿轮传动、链传动等)、摩擦传动(如带传动、摩擦轮传动等)和推压传动(如连杆机构、凸轮机构等)。

如带传动其主要由主动带轮 O_1、从动带轮 O_2 和张紧在两轮上的环形传动带组成,利用传动带作为中间挠性件,依靠传动带与带轮之间的摩擦力或啮合来传递运动和(或)动力的,如图 1-1-5 所示。

带传动的传动比就是带轮角速度之比,或带轮的转速之比。

带传动分为摩擦带传动和啮合带传动两种。在摩擦带传动中,按传

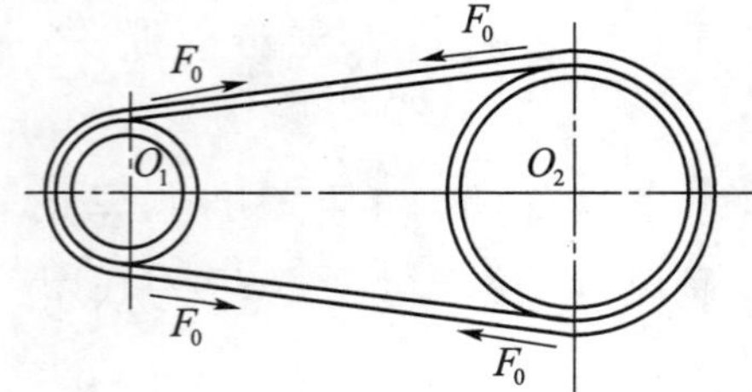

图 1-1-5　带传动示意图

动带的横截面形状可分为矩形截面的平带传动(图 1-1-6a),梯形截面的 V 带传动(图 1-1-6b)、多楔带传动(图 1-1-6c)、若干 V 带的组合和圆带传动(图 1-1-6d)。啮合带传动(图 1-1-6b)利用传动带的齿和带轮的齿相啮合传递运动和动力,因为是啮合传动,传动带与带轮之间没有相对滑动,又称同步带传动。

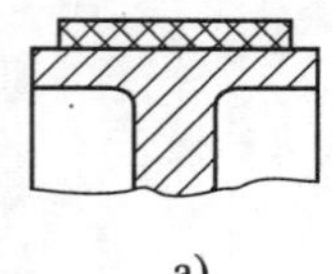
a)

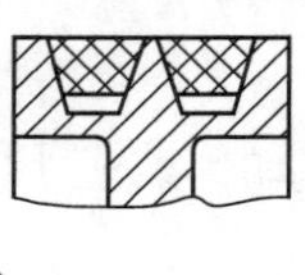
b)

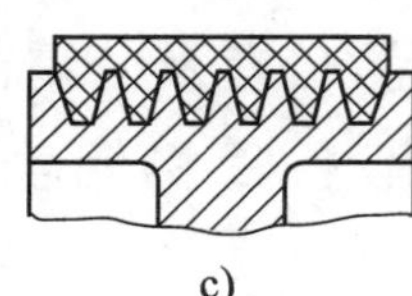
c)

d)

图 1-1-6　带传动的各种形式

第二章 电工电子基础

第一节 汽车电子元件

一 汽车电子元件的种类

一般来讲，常用的电子元件主要是二极管型元件和三极管型元件两大类。

1. 二极管类元件

二极管按制造材料不同，分硅二极管和锗二极管两种；按用途可分普通整流二极管、稳压二极管、发光二极管和光敏二极管等。它们的图形符号如图 1-2-1 所示。

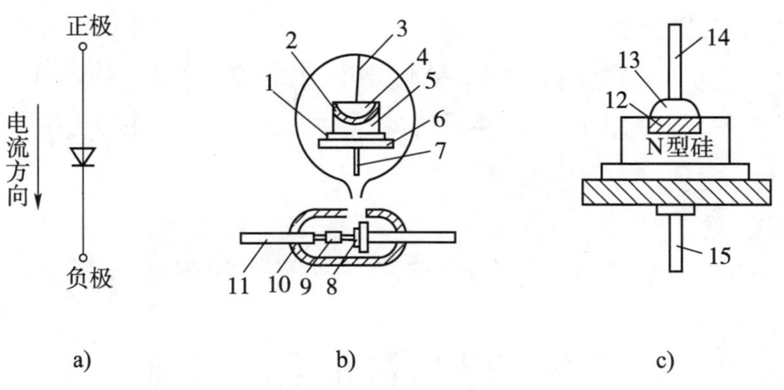

图 1-2-1　二极管的图形符号

a)符号；b)点接触型；c)面接触型

1-接触电极；2、12-PN 结；3、9-触须；4-N 型半导体；5-P 型晶片；6-支架；7、11-引线；8-晶片；10-管壳；13-铝合金球；14-阳极引线；15-阴极引线

2. 三极管类元件

三极管是由两个 PN 结构成的半导体器件，它有三个区和三个引出电极，如图 1-2-2、图 1-2-3 所示。

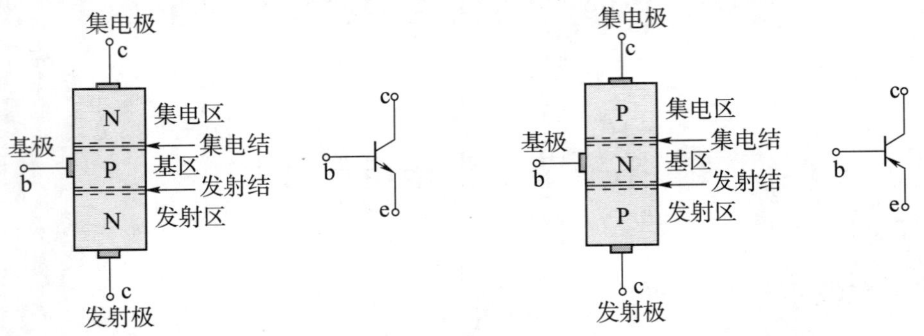

图 1-2-2　NPN 型三极管的结构和图形符号　　图 1-2-3　PNP 型三极管的结构和图形符号

二 汽车电子元件的原理与特性

1. 普通二极管的原理

将二极管正极与电源正极相接，负极与电源负极相接，二极管会呈导通状态；相反，将二极管正极与电源负极相接，负极与电源正极相接，二极管会呈截止状态。这就是二极管的单向导电特性。

2. 发光二极管的原理

发光二极管通常用砷化镓、磷化镓等化合物制成。当这种二极管通以正向电流时会发出光来。由于材料不同，发光二极管分为红外光、红色、鲜红色、黄色、绿色等多种。

3. 三极管的特性

三极管可以处于放大、截止、饱和三种工作状态。

第二节　汽车电路基础

一 汽车电路图的作用

汽车电路图是检修汽车电气系统时必需参考的基本资料。在识读汽车电路图之前，先要了解电路的基础知识、概念。

二　电路的概念

汽车配置上有越来越多的电气设备，要使车用电气设备工作，需用导线和车体把电源过载保护器件、控制器件及用电设备等装置连接起来，构成能使电流流通的路径，这种路径称为汽车电路，如图 1-2-4 所示。

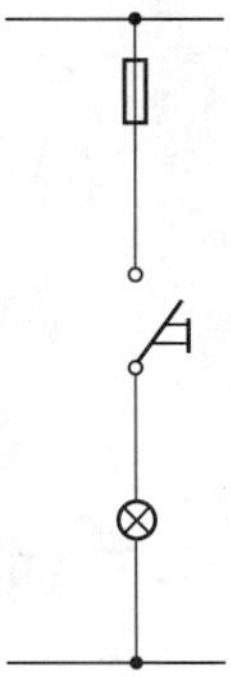

图 1-2-4　基本电路

三　电路的组成

(1) 电源：汽车上的电源为蓄电池和发电机。

(2) 过载保护器：主要有熔断丝（俗称保险丝）、电路断电器及易熔线等。

(3) 控制器件：除了传统的各种手动开关、压力开关、温控开关外，还大量使用电子控制器件，包括简单的电子模块和微机形式的电子控制单元等。

(4) 用电器：包括电动机、电磁阀、灯泡、仪表、各种电子控制器件和部分传感器等。

(5) 导线：用于将以上各种装置连接起来构成电路。

四　电路的状态

电路通常有通路、断路、短路及接触不良四种状态。

五　电路原理图的识读方法

(1) 判断该电气系统的控制方式。

(2) 识图从用电器入手。

(3) 运用回路原则。

第三章 电子控制基础

第一节 汽车微机系统的组成和工作

一 汽车微机系统的功用

汽车微机系统也称为电子控制单元(Electronic Control Unit, ECU)。ECU是一种电子综合控制装置,它所具备的基本功能如下:

(1)接受传感器或其他装置输入的信息,给传感器提供参考(基准)电压:2V、5V、9V、12V,将输入的信息转变为微机所能接受的信号。

(2)储存、计算、分析处理信息。

(3)运算分析。

(4)输出执行命令。

(5)自找修正功能(自适应能力)。

二 汽车电子控制单元的组成

汽车电子控制单元主要由输入回路、A/D(模/数)转换器、微机和输出回路四部分组成。

对于模拟信号经过相应的输入回路再经过A/D(模/数)转换器转换之后,(图1-3-1)才以数字量的形式送入微机的中央处理器CPU中。其模拟信号波形、数字信号波形如图1-3-2和图1-3-3所示。

对于数字信号则不需要信号形式的转换,其就是脉冲信号,这类信号经过输入回路之后就可以直接送入微机,如图1-3-4示。

微机的功用是能够根据汽车运行工况的需要,把各种传感器送来的信号用内存的程序和数据进行运算处理，并把处理的结果（如汽油喷射控制信号、点火控制信号等）送往输出回路。

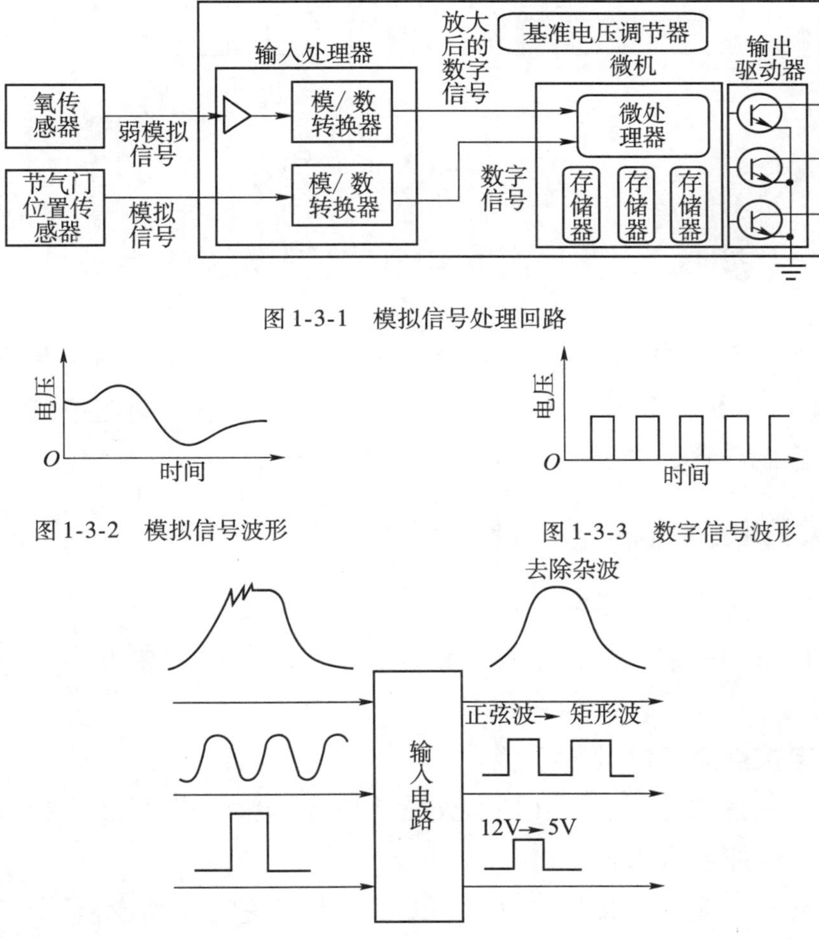

图 1-3-1　模拟信号处理回路

图 1-3-2　模拟信号波形

图 1-3-3　数字信号波形

图 1-3-4　输入回路的作用

总线：在微机系统中，中央处理器、存储器、I/O 接口相连时都使用公用的总线。总线和公路网相似，有的是多车道的，有的只有一条车道。汽车微机系统内部各单元之间的数据传递就是由总线实现的。图 1-3-5 所示为微机系统的总线。

根据传输信号的不同，微机总线可分为三种，即数据总线、地址总线和控制总线。

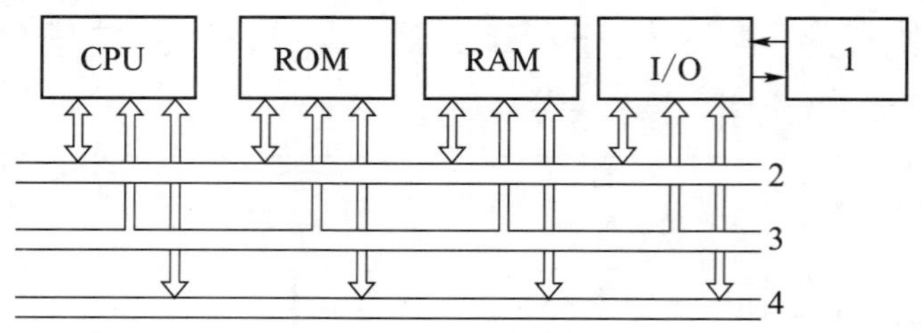

图 1-3-5　微机系统的总线

第二节　汽车电子控制系统的组成

汽车电子控制系统的组成按其构成元件的作用，可以分为信号输入装置、电控单元（ECU）和执行元件等三大部分。不同的汽车电子控制系统其控制内容、功能和组成元件名称是不一样的。

一　发动机电子控制系统的控制内容和功能

1. 电控汽油喷射系统（EFI）

电控汽油喷射主要包括喷油量、喷油定时、燃油停供及电动汽油泵控制。

2. 电控点火装置（ESA）

点火装置的控制主要包括点火提前角、通电时间及爆震控制等。

3. 怠速控制（ISC）

发动机在增加负载工作时，由 ECU 控制怠速控制阀或电子节气门，使发动机处在最佳的状态运行。

4. 排放控制

发动机电子控制系统中，排放控制项目主要有：废气再循环控制（EGR 控制）、氧传感器及三元催化转换开环闭环控制、二次空气喷射控制等。

5. 进气控制

包括动力阀控制和涡流控制。

除以上控制内容外，还有警示提示、自我诊断与报警系统、传感器故障预诊断参考系统（失效保护）和 ECU 故障备用控制系统等。

二　汽车电子控制系统的控制方式

1. 开环控制

在控制系统中，若系统的输出量对系统的控制作用没有影响，则称为开环控制系统。

2. 闭环控制

这是一种利用系统本身的调节功能，使系统输出信号对控制产生直接影响的系统，即在整个系统工作的过程中有反馈信号出现。

3. 自适应控制

就是系统本身能够随着环境条件或结构的不可预计的变化，自行调整或修改系统参数。

4. 学习控制

控制系统其自身便具有这种在控制过程中不断完善的学习能力，便称为学习控制系统。此外还有一种称为模糊控制，在此不作介绍。

第四章　液压与气压传动基础

第一节　液压传动基础

一　液压传动的工作原理

液压传动的工作原理，可以用一个液压千斤顶的工作原理来说明。如图 1-4-1 所示。

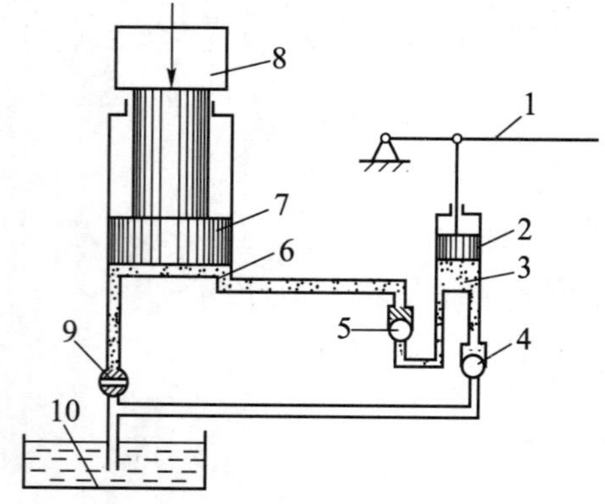

图 1-4-1　液压千斤顶的工作原理

1-杠杆手柄；2-小活塞；3-小油缸；4、5-止回阀；6-管道；7-大活塞；8-重物；9-截止阀；10-油箱

液压传动是利用有压力的油液作为传递动力的工作介质。压下杠杆时，液压缸输出压力油将机械能转换成油液的压力能，压力油经过管道及止回阀，推动大活塞举起重物，将油液的压力能又转换成机械能。大活塞举升的速度取决于单位时间内流入大液压缸中油容积的多少。由此可见，液压传动是一个不同能量的转换过程。

二　液压传动系统的组成

（1）能源装置：它是供给液压系统压力油，把机械能转换成液压能的装置。最常见形式是液压泵。

（2）执行装置：它是把液压能转换成机械能的装置。

（3）控制调节装置：它是对系统中的压力、流量或流动方向进行控制或调节的装置，如溢流阀、节流阀、换向阀、开停阀等。

(4)辅助装置。上述三部分之外的其他装置，如油箱、滤油器、油管等。

(5)工作介质。传递能量的流体，即液压油等。

第二节　气压传动基础

气压传动系统一般由气源装置、执行元件、控制元件、辅助元件四部分组成。

一　气源装置

其主体部分是空气压缩机。它将原动机(如电动机)供给的机械能转变为气体的压力能，为各类气动设备提供动力。

二　执行元件

包括各种汽缸和气压马达，其功用是将气体的压力能转变为机械能，输给工作部件。

三　控制元件

包括各种阀类，如各种压力阀、流量阀、方向阀、逻辑元件等，用以控制压缩空气的压力、流量和流动方向，以及执行元件的工作程序，以便使执行元件完成预定的运动规律。

四　辅助元件

辅助元件是使压缩空气净化、润滑、消声以及用于元件间连接所需的装置，如各种过滤器、干燥器、油雾器、消声器及管件等。它们对保持气动系统可靠、稳定和持久地工作，起着十分重要的作用。

第五章　汽车识别代码(VIN 码)

一 汽车识别代码(VIN 码)的概念

汽车识别代码(Vehicle Identification Number,VIN 码)是汽车制造厂为了识别一辆汽车而规定的一组字码,它由一组拉丁字母和阿拉伯数字组成,共 17 位,故又称为 17 位码。17 位 VIN 码的每一位代码代表着汽车某一方面的信息参数。从该码中可以识别出车辆的生产国家、制造公司或生产厂家、车辆的类型、品牌名称、车型系列、车身形式、发动机型号、车型年款(属于哪年生产的年款车型)、安全防护装置型号、检验数字、装配工厂名称和出厂顺序号码等信息。

我国于 1999 年 1 月 18 日由原机械工业部发布了《车辆识别代码(VIN)管理规则》,并规定:"1999 年 1 月 1 日后,适用范围内的所有新生产的车辆必须使用汽车识别代码。"

二 汽车识别代码(VIN 码)的安装位置及其组成

1. VIN 码的位置

VIN 码的安装位置如图 1-5-1 所示。

图 1-5-1　车辆 VIN 码的安装位置

2. VIN码的组成及解释

现以某款轿车为例,用表1-5-1说明车辆VIN码的各位所代表的含义。

VIN码的各位所代表的含义　　　　表1-5-1

LSV	A	G	4	9	F	0	8	2	000457
某品牌轿车	车身底盘	发动机变速器	乘员保护系统	车辆等级	车辆等级	检验位	生产年份	装配厂	生产顺序号

第二篇

发动机的结构与检修

第一章 发动机的基本原理

第一节 发动机概述

一 发动机的分类

(1)按所需燃料分类:汽油发动机和柴油发动机。

(2)按活塞行程分类:四冲程发动机和二冲程发动机。

(3)按冷却方式分类:水冷发动机和风冷发动机。

(4)按汽缸数目分类:单缸发动机和多缸发动机。

(5)按汽缸排列形式分类:单列式发动机和双列式发动机。

(6)按照进气系统是否采用增压方式分类:自然吸气式发动机和强制进气增压式发动机等。

二 发动机的总体构造

发动机总体上由两大机构八大系统组成,如图 2-1-1 所示。

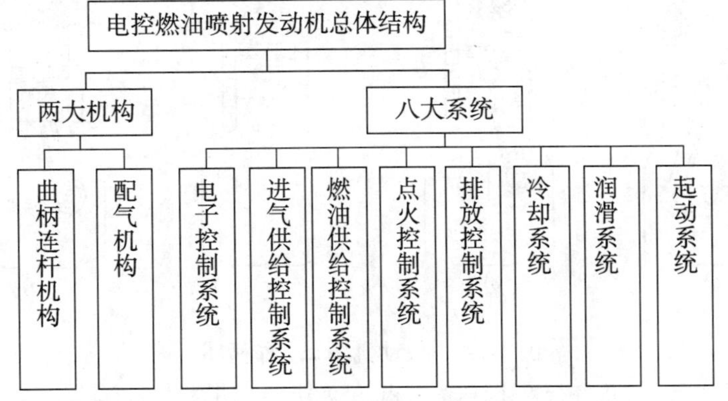

图 2-1-1 发动机的总体结构图

第二节　发动机的基本工作原理

一　发动机的基本术语

(1)上止点:活塞在汽缸中往复直线运动时,活塞向上运动到最高位置,即活塞顶部距离曲轴旋转中心最远的极限位置称为上止点。

(2)下止点:活塞在汽缸中往复直线运动时,活塞向下运动到最低位置,即活塞顶部距离曲轴旋转中心最近的极限位置称为下止点。

(3)活塞行程:即汽缸内活塞运动至上、下止点之间的距离。

(4)曲柄半径:曲轴旋转中心到曲柄销中心之间的距离。

(5)汽缸工作容积:活塞从一个止点移动到另一个止点所扫过的容积。

(6)汽缸总容积:活塞位于下止点时,其顶部与汽缸盖之间的容积。

(7)排量:多缸发动机各汽缸工作容积的总和。

(8)压缩比:汽缸总容积与燃烧室容积之比。

二　发动机的基本工作原理

四冲程发动机的运转是按进气行程、压缩行程、做功行程和排气行程的顺序不断循环反复的,如图 2-1-2 所示。

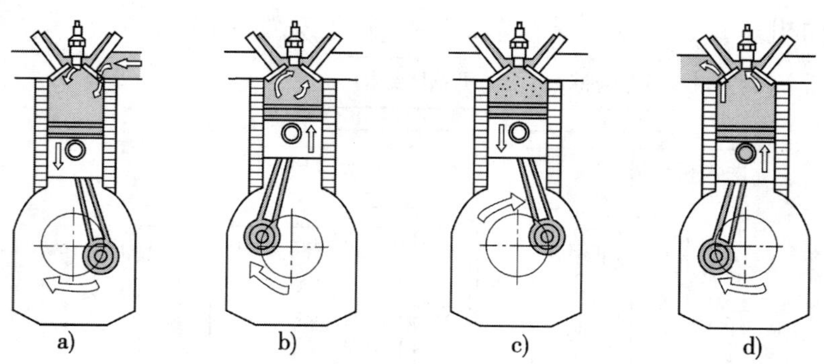

图 2-1-2　发动机一个工作循环

a)进气行程;b)压缩行程;c)做功行程;d)排气行程

由此可见，四冲程发动机经过进气、压缩、做功、排气四个行程完成一个工作循环，这期间活塞在上、下止点往复运动了四个行程，相应的曲轴旋转了两圈。

第三节　发动机的主要性能指标

发动机的性能指标是用来衡量发动机性能好坏的标准。发动机的主要性能指标有动力性能指标、经济性能指标和排放性能指标。

1. 动力性能指标

动力性能指标指曲轴对外做功能力的指标，包括有效转矩、有效功率和曲轴转速。

2. 经济性能指标

通常用燃油消耗率来评价发动机的经济性能。燃油消耗率是指单位有效功率的燃油消耗量，也就是发动机每发出 1kW 有效功率在 1h 内所消耗的燃油质量（以 g 为单位），燃油消耗率通常用 g_e 表示，其单位为 g/(kW·h)。

3. 排放性能指标

排放性能指标包括排放烟度、有害气体（CO、HC、NO_x）排放量、噪声等。

第二章 曲柄连杆机构的结构与检修

第一节 机体组的结构与常见损伤形式

曲柄连杆机构由机体组、活塞连杆组和曲轴飞轮组组成。机体组主要由汽缸体、汽缸套、曲轴箱、汽缸盖、汽缸垫等组成。

一 机体组的零件

1. 汽缸体

汽缸体的作用是承受发动机负荷，在其内部安装有曲柄连杆机构和配气机构（对于凸轮轴顶置式则无，现多用顶置式），在其外部安装发动机的所有部件。

2. 汽缸套

汽缸套的作用是引导活塞作上、下垂直运动，并将活塞的热量传出，以便冷却。汽缸套一般有干式汽缸套和湿式汽缸套之分。

3. 曲轴箱

曲轴箱由上、下两部分组成，上曲轴箱用来支撑曲轴，下曲轴箱主要是储存机油。上曲轴箱一般和汽缸体铸成一体，下曲轴箱一般采用薄钢板冲压制成，用螺栓与机体下表面连成一体。

4. 汽缸盖

汽缸盖的作用是封闭汽缸上部，由活塞顶部与汽缸盖上相应空间构成燃烧室。不同的发动机，其汽缸盖形式有所不同。

5. 汽缸垫

汽缸垫的作用是弥补汽缸体和汽缸盖接触面的不平度，防止漏气、

漏水等。

二 机体组零件的常见损伤

汽缸体与汽缸盖的常见损伤形式主要有裂纹、磨损和变形等。

第二节　活塞连杆组的结构与故障

一 活塞连杆组的组成

活塞连杆组主要由活塞、活塞环、活塞销、连杆(含连杆轴承)等组成,如图 2-2-1 所示。

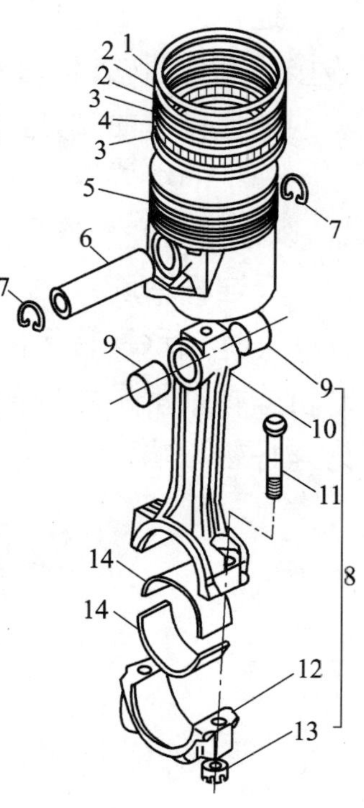

图 2-2-1　活塞连杆组

1、2-气环;3-油环刮片;4-油环衬簧;5-活塞;6-活塞销;7-活塞销卡环;8-连杆组;9-连杆衬套;10-连杆;11-连杆螺栓;12-连杆盖;13-连杆螺母;14-连杆轴瓦

二 活塞连杆组零件的功用、结构及故障

1. 活塞

活塞基本构造分为顶部、头部和裙部三部分。活塞顶部是燃烧室的组成部分,当发动机工作时,直接承受汽缸体内的高温、高压作用,并进行不等速的高速往复直线运动。而活塞裙部用来引导活塞在汽缸内运动,活塞裙部还有活塞销座,通过活塞销,把连杆的侧向力传给汽缸壁,所以应有足够的承压面积。活塞常见故障是敲缸响。

2. 活塞环

活塞环按断面结构分为矩形环、扭曲环、锥形环等。气环用于密封汽缸,并将活塞顶部的热量传给汽缸壁,由冷却液带走;油环将缸壁多余的机油刮掉,并使机油在汽缸壁均匀分布。活塞环引发的常见故障是发动机烧机油、排气管冒蓝烟等现象。

3. 活塞销

活塞销用来连接活塞和连杆小头。活塞销通常采用较好的钢材(20 号钢或合金钢),制成空心的短管形状,经渗碳热处理提高表面硬度和精度。发动机活塞销装配得太紧,易造成活塞中部与汽缸壁拉伤。

在选装活塞销时还要注意其颜色标记与活塞是否一致。

4. 连杆体组

连杆体组由连杆、连杆盖、连杆螺栓和连杆轴瓦等组成。其作用是连接活塞与曲轴,将活塞的往复直线运动变为曲轴的旋转运动,并把活塞的动力传给曲轴,经曲轴传给离合器向外输出动力。

连杆的组成可分为小头、杆身和大头三部分。小头用来安装活塞销,以连接活塞。连杆大头用来连接曲轴。

5. 连杆轴承

连杆轴承具有保持油膜、减少摩擦阻力和易于磨合的作用。当代发动机连杆轴承是由钢背和减磨层组成的分开式薄壁轴瓦。其常见故障为连杆轴承响。

第三章 配气机构的结构与检修

第一节 配气机构的组成及作用

一 配气机构的作用

配气机构的作用是按照发动机各缸的做功次序和每一缸工作循环的要求，定时地将各缸进、排气门打开、关闭，以便发动机进行进气、压缩、做功和排气等工作过程。

二 配气机构的组成

配气机构由气门组和气门传动组组成。气门组的作用是封闭进、排气道。气门传动组的作用是使进、排气门按配气相位规定的时刻开闭，且保证有足够的开度，如图2-3-1示。

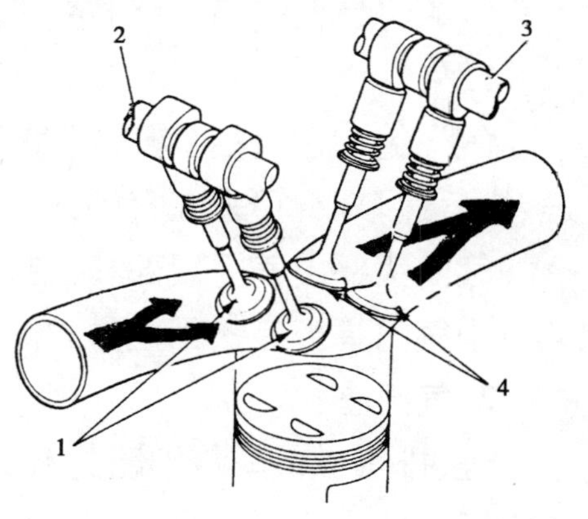

图 2-3-1 配气机构结构图

1-进气门；2-进气凸轮轴；3-排气凸轮轴；4-排气门

三 配气机构的分类

配气机构按气门的布置位置不同，可分为顶置式气门和侧置式气门两类。顶置式配气机构的优点很多，如进气阻力小、燃烧室结构紧凑等，故被广泛采用。

四 配气机构的工作原理

凸轮轴是通过正时齿轮由曲轴驱动的。四冲程发动机完成一个工作循环，曲轴旋转两周（720°），各缸进、排气门各开启1次，凸轮轴只需转1周，因此曲轴转速与凸轮轴转速之比为2:1。

配气机构的工作原理以凸轮轴式配气机构为例，当凸轮基圆部分与挺柱接触时，挺柱不升高；当凸轮轴上凸起部分与挺柱接触时，将挺柱顶起，挺柱通过推杆、调整螺钉使摇臂轴顺时针摆动，摇臂的长臂端向下推动气门，压缩气门弹簧，将气门头部推离气门座而打开。当凸轮凸起部分的顶点转过挺柱后，便逐渐减小了对挺柱的推力，气门在其弹簧力的作用下，开度逐渐减小，直至最后关闭，使汽缸密封。

第二节　气门组的结构与检修

一 气门组零件的结构和功能

气门组包括气门、气门座、气门导管、气门弹簧、锁片、卡簧等。

1. 气门

气门的构造包括头部、杆身两部分，两者圆弧连接。头部用来封闭进、排气道，杆身用来在气门开闭过程中起导向的作用。

气门头部由气门顶部和密封锥面组成，而气门杆身尾端的结构主要取决于气门弹簧座的固定方式。气门密封锥面与气门座应配对研磨。

2. 气门座

进、排气道口与气门密封锥面直接贴合的部位称为气门座。气门座与气门头部一起对汽缸起密封作用，同时接受气门头部传来的热量，起到对气门散热的作用。

3. 气门导管

气门导管的功用是给气门的运动作导向，保证气门的往复直线运动和气门关闭时能正确地与气门座贴合，并为气门杆散热。

二　气门组主要零件的检修

1. 气门的检修

气门的常见耗损：气门杆部的磨损、气门工作面磨损与烧蚀以及气门杆的弯曲变形等。

气门出现下列耗损之一时，应予更换：

(1) 载货汽车气门杆的磨损量大于0.10mm，轿车的气门杆的磨损大于0.05mm，或出现明显的台阶形磨损。

(2) 气门头圆柱面的厚度小于1.0mm。因为气门头圆柱部分厚度过小会增大燃烧室容积，影响发动机工作的平稳性，同时使气门头的强度降低。

(3) 气门尾端的磨损大于0.5mm。

(4) 气门杆的直线度误差大于0.05mm时，应予更换或校直，校直后的直线度误差不得大于0.02mm。

2. 气门座的检修

气门座的磨损主要是磨料磨损和由于冲击负荷造成的硬化层疲劳脱落，以及排气门座受高温燃烧气体的腐蚀和烧蚀。气门座磨损后，工作面加宽、气门关闭不严、气门座密封性能降低等。

当气门座有裂纹、松动、烧蚀或磨损严重；或铰削气门座后，装入新气门，气门大端平面仍低于汽缸盖燃烧室平面2mm以上的，应镶换新的气门座。

第三节　气门传动组的结构与检修

一　气门传动组主要零件

气门传动组由凸轮轴和凸轮轴正时齿轮、挺柱、挺柱导管、推杆和摇臂总成等组成。气门传动组的主要作用是使进、排气门按照配气相位规定的时间开启与关闭。

1. 凸轮轴

凸轮轴是由发动机曲轴驱动而旋转，用来驱动和控制各缸气门的开启和关闭，使其符合发动机的工作顺序、配气相位及气门开度的变化规律等要求。

凸轮轴主要由凸轮、轴颈、偏心轮和螺旋齿轮等组成，分为进气凸轮轴和排气凸轮轴。凸轮是凸轮轴上最重要的组成部分。凸轮轮廓应能使气门开启与关闭的时间符合配相位的要求，使气门有尽量大的升程。气门开启与关闭过程的运动规律也取决于凸轮的轮廓曲线。

2. 挺柱

挺柱在气门传动组中起传力的作用，将凸轮的推力传给推杆或气门。挺柱的材料有碳钢、合金钢、合金铸铁等。挺柱常见的形式有筒式和滚轮式两种。

3. 摇臂与摇臂组

(1)摇臂。摇臂是一个双臂杠杆，以中间轴孔为支点，将推杆传来的力改变方向和大小，传给气门并使气门开启。摇臂的两臂不等长，长臂一端与气门接触推动气门，可使气门的升程大于凸轮的升程。

(2)摇臂组。摇臂组主要由摇臂、摇臂轴、摇臂轴支座和定位弹簧等组成。

4. 正时链(带)轮、链条(带)

目前，轿车大部分采用顶置凸轮轴式配气机构，传动距离短，正时齿轮已经很少使用了，大部分采用正时链轮和正时齿形带传动。

二　气门传动组零件的检修

1. 凸轮轴弯曲变形的检查与校直

检测时，将凸轮轴支撑在V形架上并轴向定位(图2-3-2)。用指示器在端面上某一半径处测量，在凸轮轴转一周过程中指示器读数最大差值即为单个测量圆柱面上的端面圆跳动。按照上述方法在若干个不同半径处测量，取各测量半径上跳动量中的最大值作为凸缘端面的端面圆跳动。

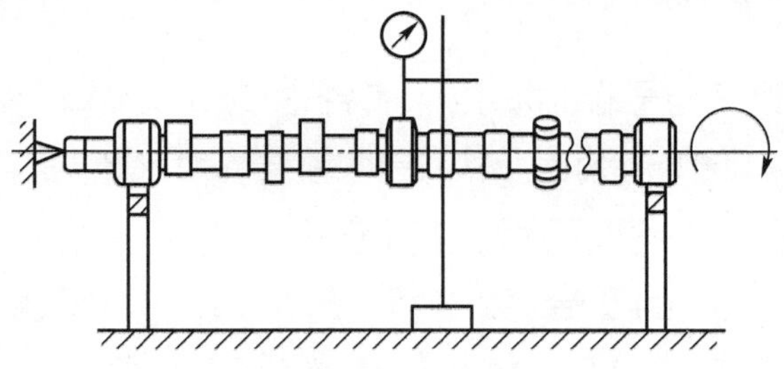

图 2-3-2　凸轮轴弯曲度的测量

2. 凸轮轴凸轮磨损及轴定位间隙的检查

凸轮轴凸轮磨损后，凸轮高度变低，致使气门升程减小，气门开启的时间减少，发动机充气量受到影响。凸轮轴凸轮的磨损主要集中在尖端部分，通常用凸轮尖端的高度来衡量凸轮的磨损程度，凸轮磨损超过极限尺寸，应更换凸轮轴，如图 2-3-3 和图 2-3-4 所示。

图 2-3-3　推力凸缘定位的凸轮轴轴向间隙检查　　图 2-3-4　轴承定位的凸轮轴轴向间隙检查

第四节　配 气 相 位

一　配气相位的概念

所谓配气相位是用曲轴转角表示进、排气门的开启时刻和开启延续时间，通常用环形图表示。

二 理论配气相位分析

理论上讲，进气、压缩、做功、排气各占 180°，也就是说进、排气门都是在上、下止点开闭，延续时间都是曲轴转角 180°。但实际表明，简单配气相位对实际工作是很不适应的，它不能满足发动机对进、排气门的要求，其原因是：气门的开启、关闭有个过程，开启总是由小到大，关闭总是由大到小；由于气体惯性的影响，随着活塞的运动，同样造成进气不足、排气不净；实际发动机曲轴转速很高，活塞每一行程历时都很短，当转速为 5600r/min 时，一个行程只有 60/(5600 ×2) s =0.0054s，就是转速为 1500r/min，一个行程也只有 0.02s，这样短的进气或排气过程，使发动机进气不足，排气不净。

三 实际的配气相位分析

为了使进气充足，排气干净，除了从结构上进行改进外(如增大进、排气管道)，还可以从配气相位上寻找措施，例如气门早开晚闭，延长进、排气时间。

通过改变进气门迟闭角可以改变充气效率随转速变化的趋向，以调整发动机的转矩，满足不同的使用要求。现在有很多轿车都配备了可变气门正时技术，就是让气门正时能够随着发动机工况进行相应的调整。

发动机的可变气门正时机构可以依据发动机的转速实行单气门与双气门之间的切换来进行对发动机运行工况的调整。

第四章　汽油机燃料供给系统的结构与检修

汽油要在汽缸内燃烧，须先喷成雾状（雾化），并进行蒸发，与适量空气均匀混合。这种按一定比例混合的汽油与空气的混合物，称为可燃混合气。可燃混合气中汽油含量的多少称为可燃混合气的浓度（成分）。汽油机燃料供给系统的作用是：不断地输送滤清的汽油和清洁的新鲜空气，根据发动机各种不同工作情况的要求，配制出一定数量和浓度的可燃混合气，供入汽缸，并在燃烧做功后，将废气排入大气中去。

第一节　汽油喷射的基本概念、类型及基本组成

一　汽油喷射的基本概念

在直接或间接检测发动机吸入空气量的同时，按设定的空燃比供给与之相适应的汽油量的过程称为混合气配制。汽油发动机的混合气配制，按汽油的供给方法，可分为化油器式和气油喷射式两种。

当采用汽油喷射供油时，其供油系统由空气系统、汽油系统和控制系统部件构成。根据检测的空气量信号以及各种工况参数的信号，由发动机 ECU 计算出发动机燃烧所需要的汽油量，并向喷油器提供喷油脉冲信号，然后将加有一定压力的汽油，通过喷油器供给发动机，如图 2-4-1 所示。

二　汽油喷射系统的分类

（1）按喷射方式分类：同时喷射、分组喷射、顺序喷射。

（2）按空气量的计量方式分类：D 型电控燃油喷射系统、L 型电控燃

油喷射系统。

（3）按喷射位置分类：多点喷射系统、单点喷射系统。

（4）按有无信号分类：开环控制系统、闭环控制系统。

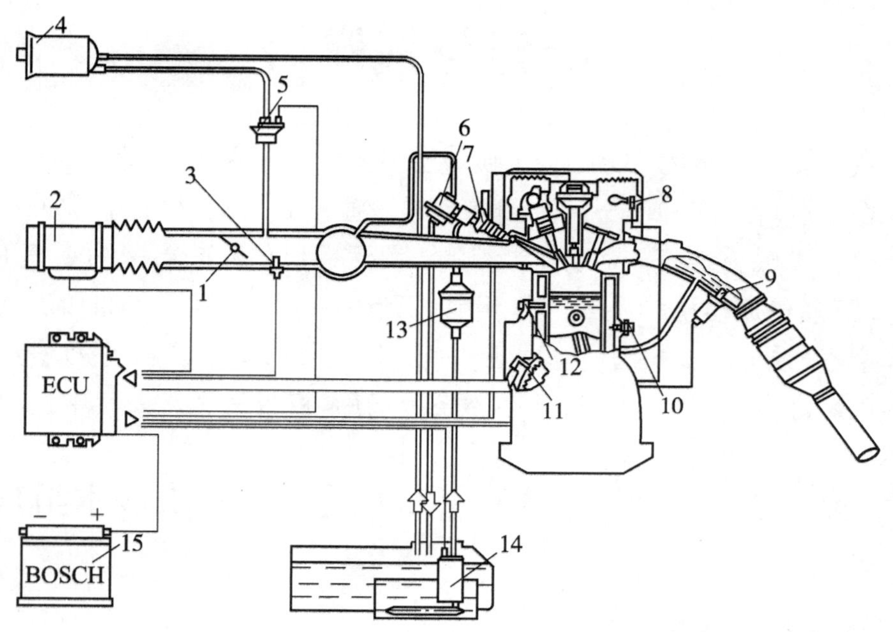

图 2-4-1　电控发动机汽油喷射系统示意图

1-节气门体；2-空气流量计；3-空气温度传感器；4-活性炭罐；5-活性炭罐电磁阀；6-油压调节器；7-喷油器；8-霍尔传感器；9-氧传感器；10-冷却液温度传感器；11-发动机转速传感器；12-爆震传感器；13-汽油滤清器；14-电动汽油泵；15-蓄电池

三　电控汽油喷射系统的基本组成及功能

电控汽油喷射系统以电控单元（ECU）为控制核心，以空气流量和发动机转速为控制基础，以喷油器等为控制对象，其主要由进气系统、燃油供给系统和电子控制系统等三部分组成。

1. 进气系统

进气系统的功用是测量和控制汽油燃烧时所需的空气量，为发动机可燃混合气的形成提供必需的空气。有流量型(L型)和压力型(D型)之分,如图2-4-2所示。

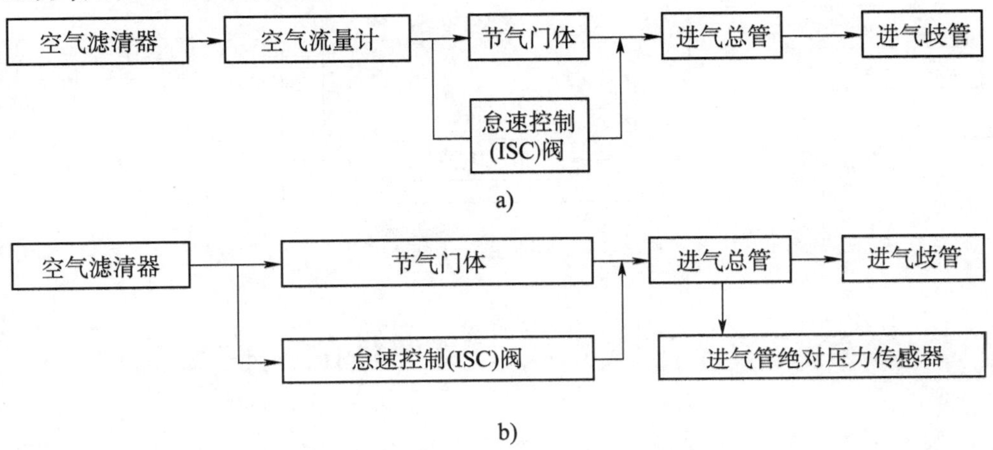

图2-4-2 进气系统工作示意图

a)L型;b)D型

2. 燃油供给系统

燃油供给系统的功用是向汽缸内供给燃烧时所需要的燃油量。燃油供给系统由电动燃油泵、燃油滤清器、燃油脉动衰减器、喷油器、燃油压力调节器及供油总管等组成,如图2-4-3所示。

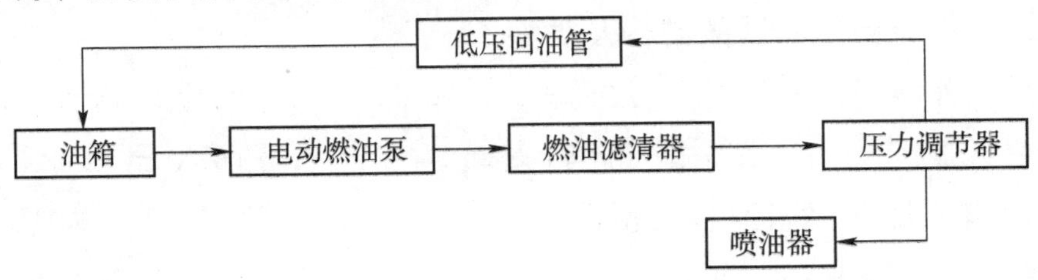

图2-4-3 燃油供给系统工作示意图

3. 电子控制系统

电子控制系统的功用是根据发动机运转状况和车辆运行状况确定汽油的最佳喷射量。该系统由传感器、ECU和执行器组成,如图2-4-4所示。

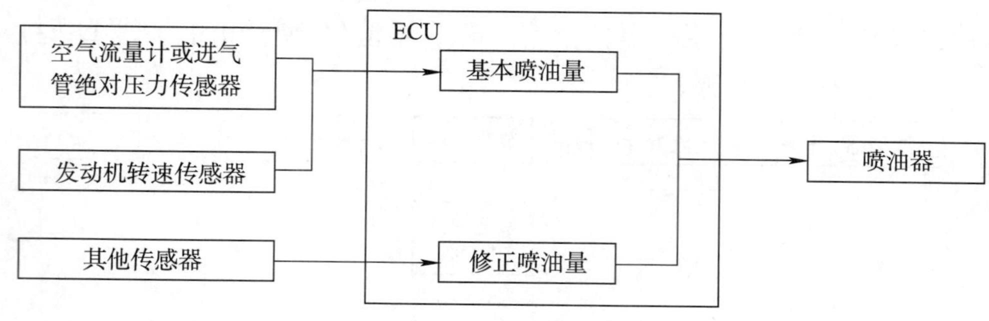

图 2-4-4　控制系统工作示意图

第二节　进气系统主要部件的结构与检修

当代汽车发动机电控系统的进气系统除了控制、调节、测量进气量的装置以外，为了提高充气系数和提高进气控制精度，大量采用了废气涡轮增压、可变进气管长度、电子节气门等技术。

一 进气测量装置的结构

进气测量装置主要包括空气流量传感器、进气歧管绝对压力传感器和进气温度传感器。在此仅介绍空气流量传感器和进气温度传感器。

1. 空气流量传感器的结构及类型

空气流量传感器安装在空气滤清器和节气门之间，用来测量进入汽缸内空气量的多少。然后，将进气量转换成电信号输入 ECU，从而由 ECU 计算出喷油量，控制喷油器向节气门室（进气管）或汽缸内喷入与进气量成最佳比例的汽油。

现在多数轿车采用热线或热膜式空气流量传感器，现主要介绍热线（热膜）式空气流量传感器的结构，如图 2-4-5 所示。

2. 进气温度传感器的作用及结构

进气温度传感器是确定汽油基本喷油量的三个主要传感器之一，是检测发动机吸入（进入空气流量传感器）空气温度用的传感器，并将空气温度信号转变成ECU能识别的电信号传送给ECU，它根据进气温度的高低，做不同程度的额外喷油。

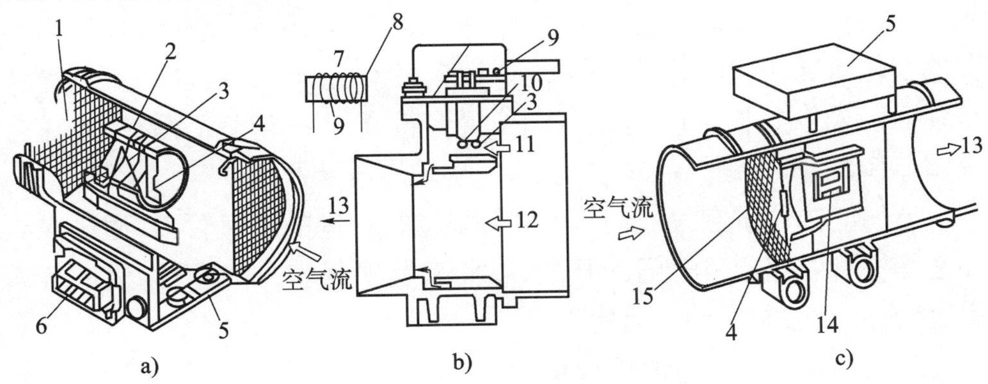

图2-4-5　空气流量传感器

a)主流测量式热线式空气流量传感器；b)旁通测量式热线空气流量传感器；c)热膜式空气流量传感器

1-防回火网；2-取样管；3-铂热线；4-上游温度传感器；5-控制线路板；6-插接器；7-热金属线和冷金属线；8-永磁螺线管；9-接控制线路板；10-进气温度传感器(冷金属线)；11-旁通气路；12-主通气路；13-通往发动机；14-热膜；15-进气栅格(金属网)

进气温度传感器内部结构是一个负温度系数的热敏电阻。D型燃油喷射系统中，进气温度传感器安装在空气滤清器的壳体内或是进气总管内；L型燃油喷射系统则安装在空气流量传感器内。图2-4-6a)所示是进气温度传感器的剖面图，图2-4-6b)所示是进气温度传感器与ECU的连接电路图。

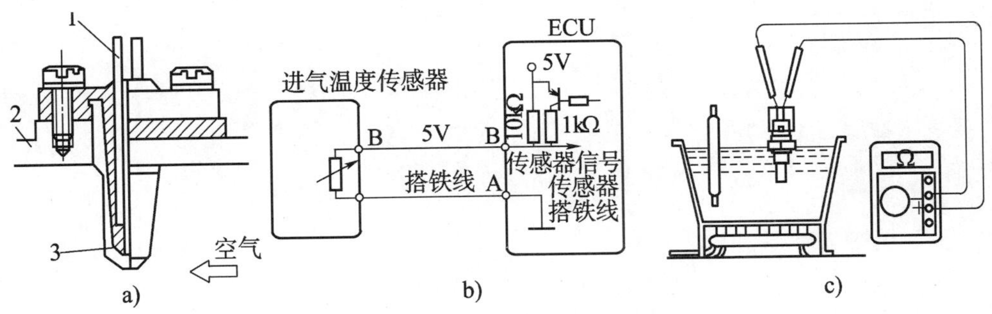

图2-4-6　进气温度传感器结构、电路及检测

1-接线端子；2-进气管壳体；3-热敏电阻

二 进气量调节装置作用与类型

发动机进气量调节装置的功能是按照驾驶人的意愿或者发动机工况的变化情况调节发动机进气量，以适应发动机工况的变化。进气量调节装置主要包括节气门体、节气门位置传感器、电子节气门系统、怠速空气调节装置、可变进气控制系统、废气涡轮增压装置等。

节气门体位于空气流量传感器和发动机之间的进气管上，通过操纵加速踏板可以控制节气门的开度，以此来反映驾驶人的意图，使进气通道变化，从而控制发动机运转工况。

节气门体上装有节气门位置传感器，它的作用是把节气门的开度大小转换成电压信号传给发动机 ECU，作为 ECU 判定发动机工况的主要依据。根据节气门开启的控制方式不同，节气门体可以分为机械式节气门体、半自动节气门体和电子式全自动节气门体。

第五章 柴油机燃油供给系统的结构与检修

第一节 泵—管—嘴式柴油机燃料供给系统的功用、结构

一 泵—管—嘴式柴油机燃料供给系统的功用与组成

柴油机燃料供给系统的功用主要是完成燃料的储存、滤清和输送工作。按柴油机各种不同工况的要求，定时、定量、定压并以一定的喷油质量喷入燃烧室，使其与空气迅速而良好地混合和燃烧，最后使废气排入大气。

柴油机燃油供给系统的组成主要由燃油供给系统、空气供给系统、混合气形成系统及废气排出系统等四部分组成。

1. 燃油供给系统

柴油机燃油供给系统主要由柴油箱、输油泵、低压油管、滤清器、喷油泵、高压油管、喷油器及回油管等组成。

2. 空气供给系统

柴油机空气供给系统主要由空气滤清器、进气管总成等组成，有的还有增压器。

3. 混合气形成

柴油机的混合气是在燃烧室内形成的。

4. 废气排出系统

柴油机的废气排出系统主要由排气管及排气消声器组成。

二 喷油器功用、类型和结构

喷油器的功用是使一定数量的燃油得到良好的雾化，同时使燃油的喷射按燃烧室类型合理分布。喷油器工作时应满足如下要求：应具有一定的喷射压力和射程，合适的喷雾锥角和雾化质量；喷停要迅速，不发生燃油滴漏；开始喷油少，中期喷油多，后期喷油少。

喷油器分为开式和闭式两种类型，车用柴油机一般多采用闭式喷油器。闭式喷油器按其结构形式分为有孔式和轴针式喷油器两种基本类型。

1. 孔式喷油器结构

主要由针阀、针阀体、顶杆、调压弹簧、调压螺钉及喷油器体等组成，如图 2-5-1 所示。

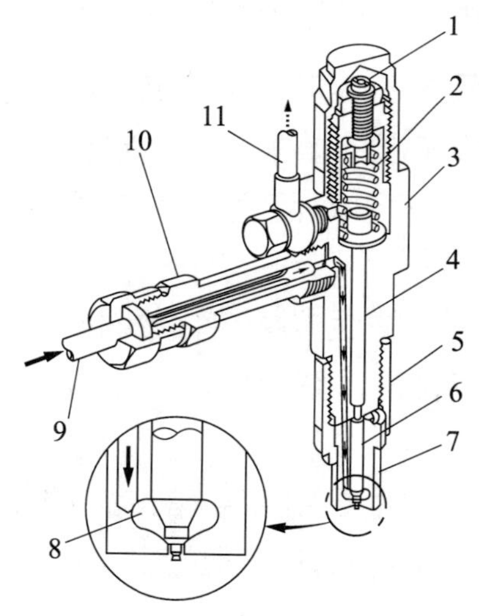

图 2-5-1　孔式喷油器结构

1-调压螺钉；2-调压弹簧；3-喷油器体；4-顶杆；5-喷油嘴紧固螺母；6-针阀；7-喷油嘴；8-压力室；9-高压油管；10-进油管接头；11-回油管

2. 轴针式喷油器结构

轴针式喷油器的工作原理与孔式喷油器相同，其结构特点是针阀下端的密封锥面以下还延伸出一个轴针，其形式可以是倒锥形或圆柱形，如图 2-5-2 所示。

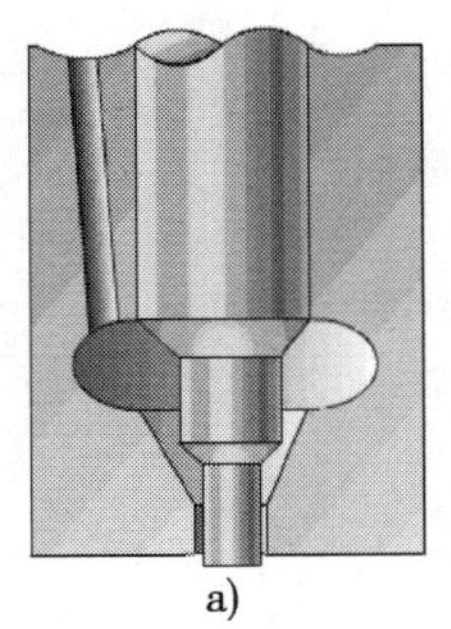
a)

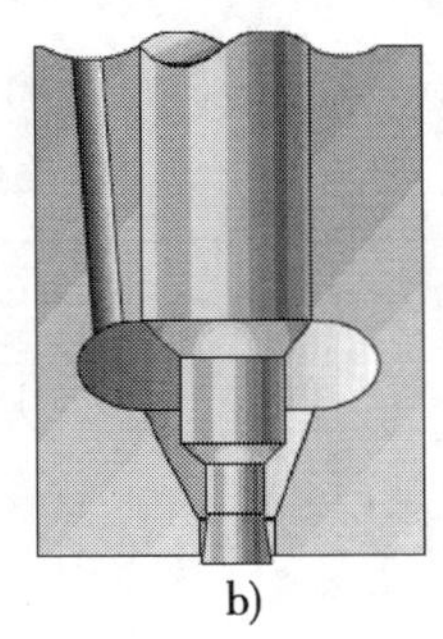
b)

图 2-5-2　轴针式喷油器的结构形式

a)圆柱形;b)倒锥形

三 喷油泵

1. 喷油泵的功用

是将输油泵送来的柴油,根据发动机不同工况的要求和工作顺序,定时、定量、定压地向喷油器输送高压柴油。

2. 对多缸柴油机喷油泵的要求

(1)按发动机工作顺序逐缸供油,各缸的供油提前角相同,误差小于0.5°~1°曲轴转角。

(2)各缸的供油量均匀,不均匀度在额定工况下为3%~5%。

(3)向喷油器供给的柴油应具有一定的压力,以获得良好的喷雾质量。

(4)供油开始和结束要求迅速,避免喷油器产生滴油现象或不正常喷射现象。

3. 喷油泵的类型

喷油泵种类很多,在汽车柴油机上得到广泛应用的有直列柱塞式喷油泵、转子分配式喷油泵和泵—喷油器等,见表 2-5-1。

四 调速器

1. 调速器的功用

调速器的功用是根据柴油机负荷及转速的变化自动调节喷油泵的

供油量，使柴油机能稳定运转，防止柴油机“飞车”。

喷油泵的类型及应用　　表 2-5-1

直列柱塞式喷油泵	分配式喷油泵	泵—喷油器
柱塞式喷油泵应用的历史比较久远，性能良好，工作可靠，为大多数汽车柴油机所采用。多用于中型柴油发动机	分配式喷油泵是国外 20 世纪 50 年代后期开始推广使用的新型喷油泵。多用于轻型柴油发动机。此为单柱塞分配泵，另外还有对置柱塞转子式分配泵	多用于大型柴油发动机康明斯柴油机 PT 燃油喷射系统

2. 调速器的类型

调速器一般可以按其工作原理和起作用的转速范围进行分类。

1）按工作原理分类

有机械式调速器、液压式调速器、气动式调速器、复合式调速器、电子调速器等。

目前应用最广泛的当属结构简单、工作可靠、性能良好的机械式调速器。

2）按起作用的转速范围分类

有单程式调速器、全程式调速器、两速式调速器、极限式调速器等。

目前车用柴油机应用最广泛的是机械式调速器中的两速式和全程式调速器。

第二节　柴油机电控燃油喷射系统

一　电控柴油喷射的优点

柴油机电控燃油喷射系统对提高柴油机的动力性能、经济性能、运转性能和排放性能都产生了极大的影响。

与传统的机械方式比较，电控柴油喷射系统具有如下优点：

（1）对喷油定时的控制精度高（高于0.5°曲轴转角），反应速度快。

（2）对喷油量的控制精确、灵活、快速，喷油量可随意调节，可实现预喷射和后喷射，改变喷油规律。

（3）喷油压力高（高压共轨电控喷油系统高达200MPa），不受发动机转速影响，优化了燃烧过程。

（4）无零部件磨损，长期工作稳定性好。

（5）结构简单，可靠性好，适用性强，可以在新老发动机上应用。

二　电控柴油喷射系统的类型

柴油机电控喷射系统可分为两大类，即位置控制系统和时间控制系统。

时间控制系统又有电控喷油泵—喷油器系统和共轨式电控燃油喷射系统两类。

共轨式电控燃油喷射系统是比较理想的燃油喷射系统。它不再采用喷油系统柱塞泵分缸脉动供油原理，而是用一个设置在喷油泵和喷油器之间的、具有较大容积的共轨管，把高压油泵输出的燃油蓄积起来并稳定压力，再通过高压油管输送到每个喷油器上，由喷油器上的电磁阀控制喷射的开始和终止。电磁阀起作用的时刻决定喷油定时，起作用的持续时间和共轨压力决定喷油量，由于该系统采用压力时间式燃油计量原理，因此又可称为压力时间控制式电控喷射系统。按其共轨压力的高低又分为高压共轨和中压共轨两种。

三 电控柴油喷射的基本原理

电控柴油喷射系统由传感器、控制单元（ECU）和执行机构三部分组成（图 2-5-3）。传感器采集转速、温度、压力、流量和加速踏板位置等信号，并将实时检测的参数输入 ECU；ECU 是电控系统的“指挥中心”，对来自传感器的信息与储存的参数值进行比较、运算，确定最佳运行参数；执行机构按照最佳参数对喷油压力、喷油量、喷油时间、喷油规律等进行控制，驱动喷油系统，使柴油机工作状态达到最佳。

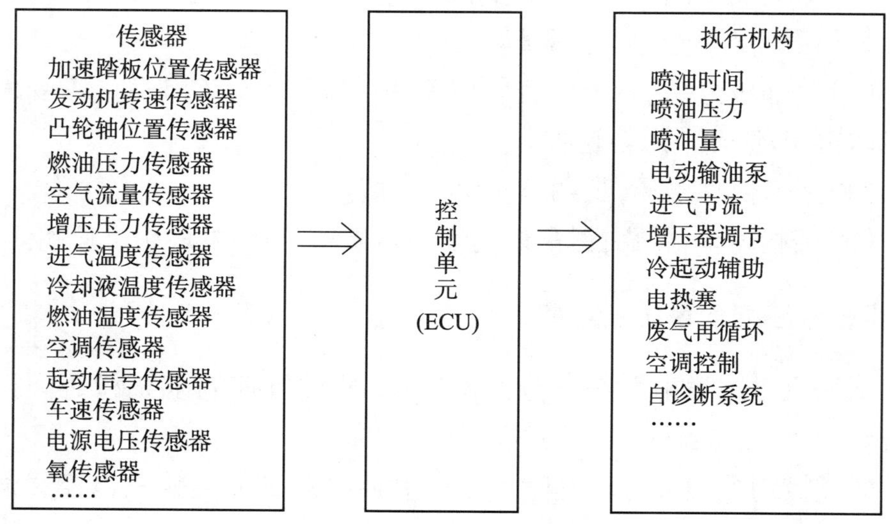

图 2-5-3　电控柴油喷射的基本原理

四 喷油泵—喷油器式电控系统

该系统喷油泵—喷油器为一体，通过高速电磁阀的开闭，控制高压燃油的回路的开闭时刻，从而控制喷油开始及停止的时刻来实现对喷油提前角及喷油量的控制。结构组成如图 2-5-4 所示。

1. 泵喷嘴

泵喷嘴指的是喷油泵电控单元、喷油器组合在一起。发动机每个缸

都有一个泵喷嘴，不需要高压管或分配式喷射泵。泵喷嘴系统有下列功能：能够产生所需的高喷射压力，能按正确的时间和正确的喷油量喷油。

泵喷嘴直接集成在气缸盖上，通过卡块固定在缸盖上。凸轮轴配有 4 个辅助凸轮来驱动泵喷嘴。通过滚柱式摇臂来驱动泵喷嘴的泵活塞。

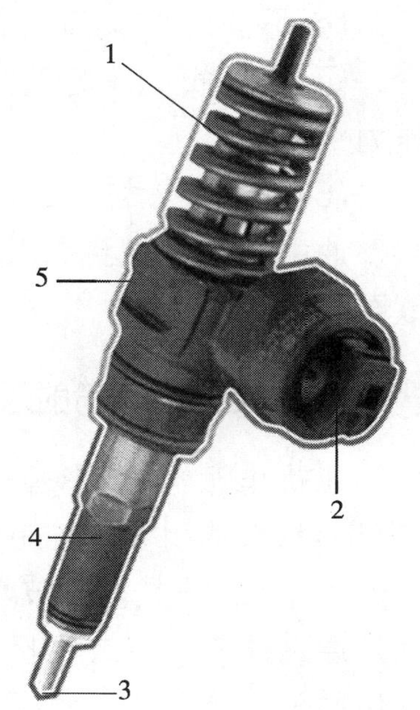

图 2-5-4 泵喷嘴结构组成图

1-泵活塞；2-电磁阀；3-针阀；4-喷嘴；5-压力产生泵

2. 统一式回形燃烧室

这种燃烧室在直接喷射式燃烧室中应用最广泛，其特点是结构紧凑，热损失小。由于采用空间混合方式形成可燃混合气，导致备燃期长，工作粗暴，噪声大，柴油机承受机械负荷大。

3. 混合气的形成和燃烧要求

良好的混合气是确保燃烧效率的重要因素。应在正确时刻、在高压下、按正确喷油量喷油。即使极小的偏差也会产生高污染、高燃烧噪声或高燃油消耗。点火延迟时间是开始喷油和燃烧室内压力开始上升之间的时间。若此间喷油量大，压力会突然上升并产生很大噪声，短暂的点火延迟对于柴油发动机燃烧过程是很重要的。

4. 泵喷嘴回油管的功能

泵喷嘴的回油管具有如下功能：冷却泵喷嘴，来自供油管的燃油冲刷通向回油管的泵喷嘴油道，排出泵活塞处泄出的燃油。

5. 燃油系统的组成

(1) 止回阀：发动机不工作时，防止燃油回流。

(2) 旁通阀：若燃油内有空气，则通过此处排出。

(3) 节流孔与过滤器：收集、分离供油管内的气泡。

(4)限压阀1:调节供油管内压力,大于750kPa时打开阀门。

(5)限压阀2:保持回油管内压力在100kPa,在电磁阀针阀处保持压力平衡。

(6)燃油泵:燃油泵位于汽缸盖上,紧靠在真空泵后面,其功能是将燃油由油箱输送到泵喷嘴。两个泵都由凸轮轴驱动,因此称为串联泵。

五　共轨式电控燃油喷射系统

共轨电喷技术是指在高压油泵、压力传感器和电子控制装置(ECU)组成的闭环系统中,将喷射压力的产生和喷射过程彼此完全分开的一种供油方式。该技术不再采用传统的柱塞泵脉动供油的原理,而是通过共轨直接或间接形成恒定的高压燃油,分送到每个喷油器,并借助于集成在每个喷油器上的高速电磁开关阀的启闭,定时定量的控制喷油器喷射至柴油机燃烧室的油量,从而保证柴油机达到最佳的燃烧比和良好的雾化,以及最佳的发火时间、足够的能量和最少的污染排放。

(一)分类

按照喷油高压形成的不同,共轨式电控燃油喷射系统有两种基本形式,即高压共轨式和中压共轨式。

1.高压共轨系统

高压输油泵(压力在120MPa以上)直接产生高压燃油后,输送至共轨中消除压力的脉动,再分送至各喷油器;当电子控制装置按需要发出指令信号后,高速电磁阀(响应在200s左右)迅速打开或关闭,进而控制喷油器工作,即按设定的要求喷出或停喷高压燃油。

2.中压共轨系统

中压输油泵(压力为10~13MPa)将中压燃油输送到共轨中消除压力的脉动,再分送至带有增压柱塞的喷油器中;当高速电磁阀开关阀接收到电子控制装置发送的指令信号后,就迅速开启或关闭,从而控制燃油器工作,即通过高压柱塞的增压作用,将从共轨中来的中压燃油加压至高压(120 ~150MPa)后喷出或停喷。

高压共轨系统与中压共轨系统的主要判别在于,高压燃油的获得方式不同。前者由高压燃油泵直接提供,而后者则借助于增压柱塞增压后获得。

(二)高压共轨电控燃油喷射系统结构组成

图2-5-5所示为高压共轨电控燃油喷射系统的基本组成图。它主要由电控单元、高压油泵、蓄压器(共轨管)、电控喷油器以及各种传感器等组成。

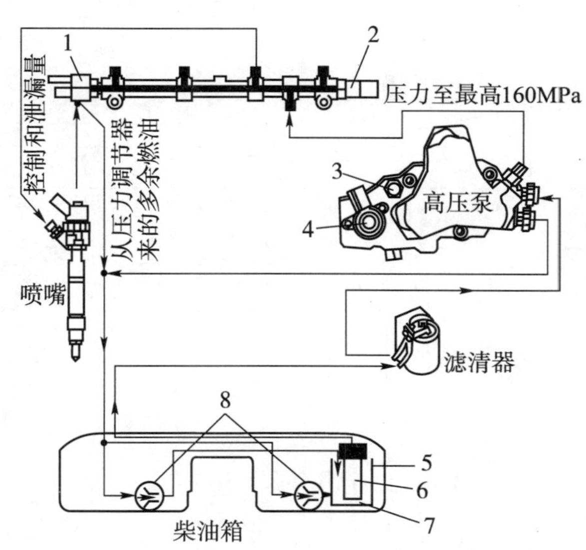

图2-5-5　高压共轨电控燃油喷射系统基本组成

1-压力调节器;2-压力传感器;3-燃油温度传感器;4-计量单元;5-防溅板;6-电控燃油泵;7-滤网;8-抽射泵

1. 高压油泵

由于共轨系统中喷油压力的产生与燃油喷射过程无关,且喷油正时也不由高压油泵的凸轮来保证,因此高压油泵的压油凸轮可以按照峰值转矩最低、接触应力最小和最耐磨的设计原则来设计凸轮。图2-5-6所示为高压油泵的基本原理。

(1)柱塞下行,控制阀开启,低压燃油经控制阀流入柱塞腔。

(2)柱塞上行,但控制阀中尚未通电,处于开启状态,低压燃油经控制阀流回低压腔。

(3)在达到供油量定时时,控制阀通电,使之关闭,回流油路被切断,柱塞腔中的燃油被压缩,燃油经出油阀进入高压油轨。利用控制阀关闭时间的不同,控制进入高压油轨的油量的多少,从而达到控制高压油轨压力的目的。

(4)凸轮经过最大升程后,柱塞进入下降行程,柱塞腔内的压力降低,出油阀关闭,停止供油,这时控制阀停止供电,处于开启状态,低压燃油进入柱塞腔进入下一个循环。

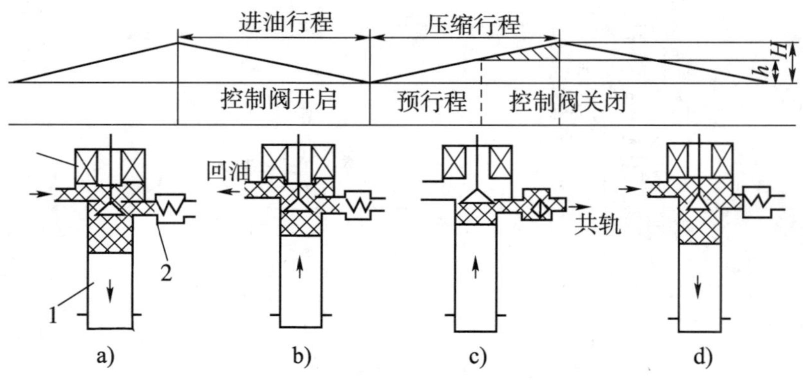

图 2-5-6　高压油泵的基本原理

1-柱塞;2-出油阀

2. 高压油轨(共轨管)

共轨管将供油泵提供的高压燃油分配到各喷油器中,起蓄压器的作用,共轨管如图 2-5-7 所示。它的容积应削减高压油泵的供油压力波动和每个喷油器由喷油过程引起的压力振荡,使高压油轨中的压力波动控制在 5MPa 以下。但其容积又不能太大,以保证共轨有足够的压力响应速度以快速跟踪柴油机工况的变化。高压泵的最大循环供油量为600mL,共轨管容积为 94000mL。

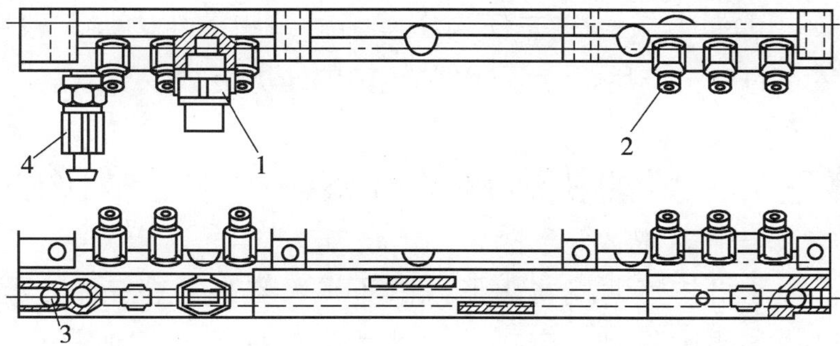

图 2-5-7 高压油轨(共轨管)

1-共轨压力传感器;2-液流缓冲器;3-衬套;4-压力限制器

3. 电控喷油器

电控喷油器是共轨式燃油系统中最关键和最复杂的部件,它的作用根据 ECU 发出的控制信号,通过控制电磁阀的开启和关闭,将高压油轨中的燃油以最佳的喷油定时、喷油量和喷油率喷入柴油机的燃烧室,如图 2-5-8 所示。

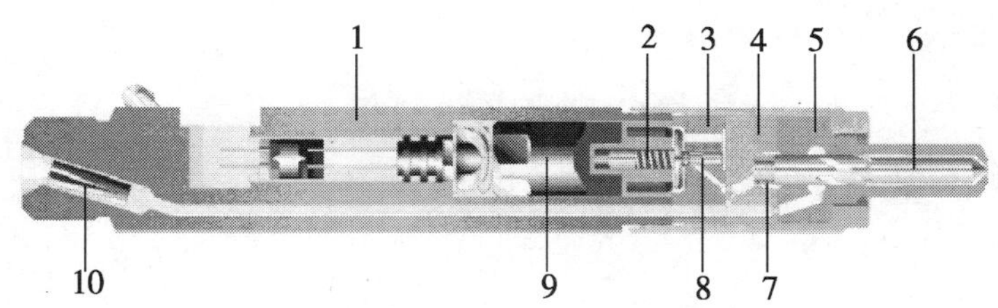

图 2-5-8 电控喷油器结构图

1-喷嘴外壳;2-阀门弹簧;3-阀门外壳;4-垫片;5-喷嘴;6-喷嘴阀针;7-喷嘴阀针弹簧;8-控制阀门;9-电磁线圈;10-过滤元件

在电磁阀不通电时,电磁阀关闭控制活塞顶部的量孔,高压油轨的燃油压力通过量孔作用在控制活塞上,将喷嘴关闭;当电磁阀通电时,量孔被打开,控制室的压力迅速降低,控制活塞升起,喷油器开始喷油;当电磁阀关闭时,控制室的压力上升,控制活塞下行,关闭喷油器完成喷油过程。

4. 高压油管

高压油管是连接共轨管和电控喷油器的通道,它应有足够的燃油流量减小燃油流动时的压降，并使高压管路系统中的压力波动较小，能承受高压燃油的冲击作用，且起动时共轨中的压力能很快建立。

第三节　柴油机燃料供给系统的常见故障的诊断

由于柴油机与汽油机着火形式的不同及结构上的差异，导致它们故障的形式和原因不同。有时两者的故障现象虽然相似，但其成因却完全不同。柴油机正常工作时表现为能顺利起动、烟色正常、动力性好、怠速稳定、不飞车。在诊断柴油机燃料系统故障时，应从故障的外部症状入手，抓住其特征，仔细分析故障的成因，才能准确及时地排除故障。柴油机燃料系统故障，产生的原因很多，但大多集中在燃油供给系统。按其外部症状可分为柴油机起动困难、动力不足、工作粗暴和飞车等故障。

一　柴油机起动困难

柴油机要顺利起动应具备三大条件，即：

(1)供油量正常，雾化良好。

(2)供油时刻合理。

(3)汽缸压力不能太低。

以上三大条件缺一不可。

在排除柴油机起动困难故障时，一般按照检查喷油是否正常→检查喷油是否正时→检查汽缸压力是否太低顺序依次进行。这里主要分析供油系统的故障。其故障原因主要有：输油泵不泵油、油路堵塞或漏气、滤清器堵塞、喷油器雾化不良或不喷油、高压泵故障等。

二　柴油机动力不足

在排除了是机械故障引起的动力不足后，造成柴油机动力不足的主要原因是燃料供给系统故障。如柴油不能充分燃烧，会导致发动机动力明显不足，同时伴有不正常尾气排放现象，故一般可以根据柴油机排烟情况来大致判断燃料供给系统故障引起的柴油机动力不足。

柴油机排烟状况可分为排气冒灰白烟、排气冒黑烟和排烟正常三种情况。若排气冒灰白烟且动力不足，故障是部分柴油未燃烧；排气冒黑烟是因为柴油燃烧不充分；若此时烟色正常，则是供油量太小所至。

第六章 起动、点火系统的结构与检修

使发动机从静止状态过渡到工作状态的全过程，称为发动机的起动，完成起动所需要的装置称为起动系统。现在轿车多采用带有防盗功能的微机控制的起动系统。

第一节 起动系统概述

一 起动系统的功用

供给发动机曲轴的起动转矩，使其达到必需的起动转速，并进入自行运转状态。

二 发动机的起动方式

汽车发动机起动的方式常用的主要有人力起动、电力起动、辅助汽油机起动等三种。

三 电力起动系统的基本组成

电力起动系统主要由蓄电池、起动机、起动继电器、点火开关等部件组成，如图 2-6-1 所示。

起动机在点火开关及起动继电器的控制下，起动机通电转动，并带动发动机飞轮齿圈使曲轴转动，起动发动机。为增大转矩，便于起动，起动机与曲轴的传动比：汽油机一般为 13 ~17，柴油机一般为 8 ~10。起动机驱动齿轮的齿数一般为 5 ~13 齿。

四 起动机的组成

起动机(俗称马达)一般由直流电动机、单向传动机构、操纵机构三大部分组成,如图 2-6-2 所示。

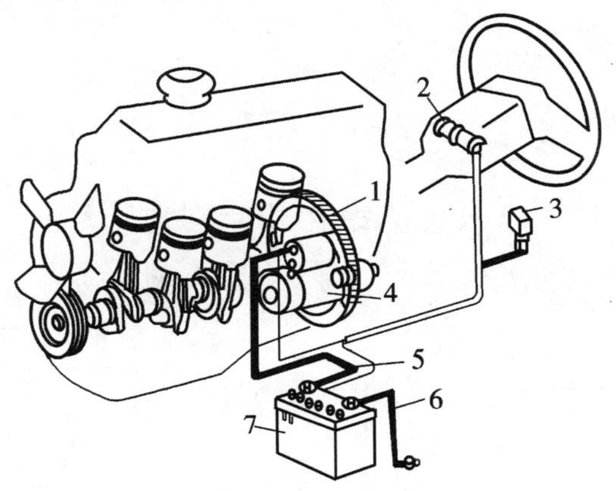

图 2-6-1　电力起动系统组成

1-飞轮;2-点火开关;3-起动继电器;4-起动机;5-起动机电缆;6-搭铁电缆;7-蓄电池

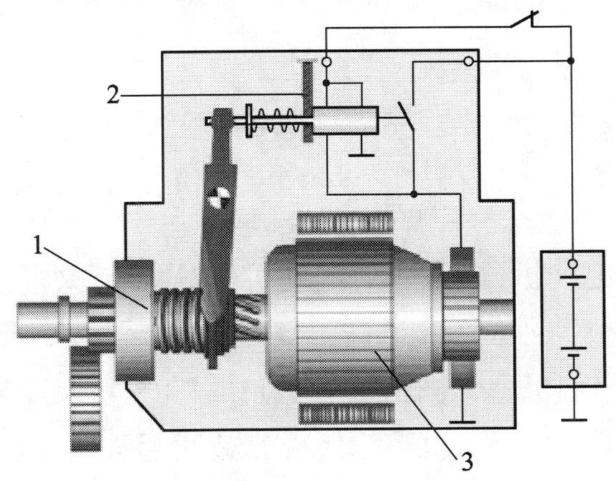

图 2-6-2　起动机的组成

1-传动机构;2-电磁开关;3-直流电动机

直流电动机是将电能转换为机械能的装置,其功用是产生发动机起动时所需要的电磁转矩。

单向传动机构的功用是在发动机起动时,驱动小齿轮与飞轮齿圈啮合,将起动机电磁转矩传递给曲轴。在发动机飞轮转速高于起动机转速时，通过单向离合器切断驱动小齿轮和直流电动机之间的动力传递途径。起动完毕后，驱动小齿轮与飞轮齿圈自动脱离啮合，起动机保持静止状态。

操纵机构的功用是接通或切断蓄电池与起动机之间的主电路，并产生驱动拨叉的电磁力。

五 起动机的分类

起动机的种类繁多，具体的结构和原理也不尽相同，可按直流电动机、传动机构等的不同进行分类，如图 2-6-3 所示。

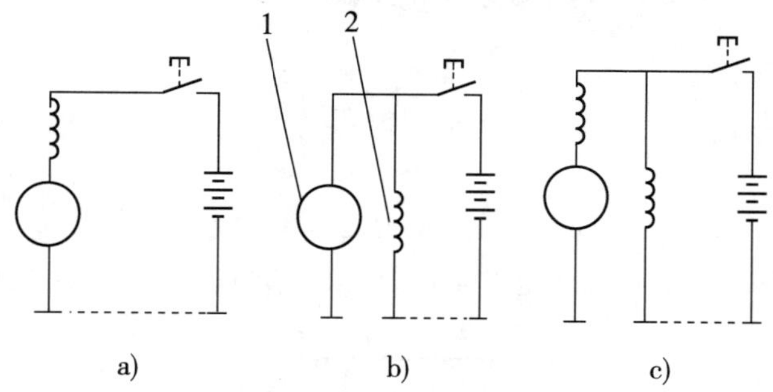

图 2-6-3　不同的直流电动机励磁方式

a）串励；b）并励；c）复励

1-电枢绕组；2-励磁绕组

（1）按直流电动机分：电磁式起动机、永磁式起动机。

（2）按啮合机构不同分：电磁强制啮合式起动机、电枢移动式起动机、磁极移动式起动机、齿轮移动式起动机、惯性啮合式起动机等。

（3）按传动机构有无减速装置分：非减速起动机、减速起动机等。

第二节　起动机的传动机构

一 结构及工作过程

起动机的传动机构主要由单向离合器和驱动齿轮组成。单向离合器的功用是单向传递转矩：只允许起动机将转矩传给发动机曲轴进行发动机起动，不允许发动机将转矩传给起动机。起动机传动机构的工作过程如图 2-6-4 所示。

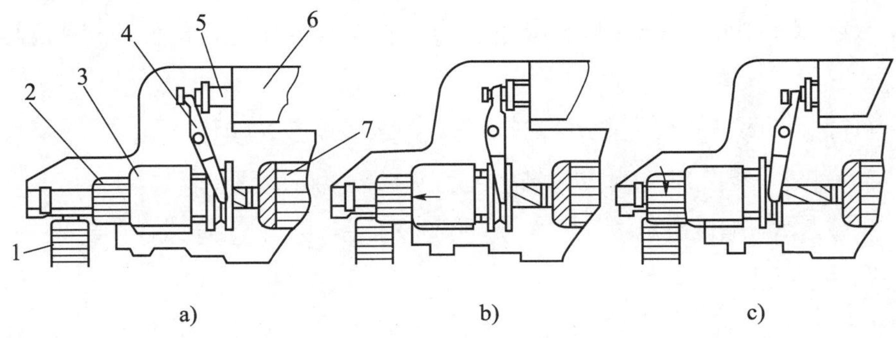

图 2-6-4　传动机构工作过程

a)起动机静止状态；b)驱动齿轮与飞轮正在啮合；c)完全啮合

1-飞轮；2-驱动齿轮；3-单向离合器；4-拨叉；5-活动铁芯；6-电磁开关；7-电枢

二 汽车发动机对起动机传动机构的要求

汽车发动机对起动机传动机构有以下要求：

(1)起动机的小齿轮与发动机的飞轮啮合时要平稳，不能发生冲击现象。

(2)发动机起动后，小齿轮应能自动打滑或脱离啮合。

(3)发动机工作时，要能防止点火开关误操作。

第三节　起动机的使用与检修

一 起动机使用注意事项

(1)起动时踩下离合器踏板，将变速器挂空挡。装用自动变速器的汽车应将变速杆置于(P)停车挡或(N)空挡位。

(2)每次接通起动机时间不得超过 5s，两次之间应间歇 15s 以上。

(3)发动机一旦发动应马上松开点火开关的起动挡。

(4)发现起动时有打齿、冒烟现象,应及时诊断并排除故障后再作起动。

(5)起动机与蓄电池正极的连接线一定要牢固可靠,外护罩要安装好。

(6)起动机与飞轮的螺栓连接一定要按规定力矩紧固。

(7)按厂家要求对起动机做好定期检查、润滑工作。

(8)起动机的电缆线应尽可能选该车的专用电缆线,并要求线径、长度符合规定。

(9)电喷车及采用自动变速器的车不能采用拉车、推车起动。

二 起动机的检修

1.转子(电枢)的检修

(1)电枢绕组检查。电枢绕组易发生断路、短路和搭铁。

①断路检查。断路多发生在电枢绕组端部与换向器的连接处。主要原因是长时间大电流运转或电枢铁芯与磁极铁芯摩擦,使电枢温度过高造成焊锡熔化,线头脱焊所致,一般较易发现。

②短路检查。必须使用电枢感应仪进行检查,如图2-6-5所示,接通感应仪的电源开关,其电源指示灯亮。将电枢放在感应仪的V形槽中,再把试验钢片放在电枢顶部槽上,转动电枢,在每个线槽上依次试验。若钢片在某一槽上发生振动,则表明此电枢已发生短路,应更换。

③搭铁检查。如图2-6-6所示,一般可用万用表检查。将万用表拨到电阻挡,然后将两个测试棒分别触及换向器片和轴上,若万用表呈低电阻状态,表示有搭铁故障。当电枢绕组有搭铁时,一般做更换处理。

(2)换向器的检修。换向器故障多为表面脏污、烧蚀或失圆,有时换向器也会出现开路或搭铁现象。表面脏污、轻微烧蚀可用400号砂纸或在车床上修整;若严重烧蚀应在车床上修整,但换向器的径向厚度不得小于2mm,否则应更换。

换向器的开路检查，如图 2-6-7 所示，可用电阻表检查换向器上相邻换向片之间的电阻，应导通，否则更换电枢。

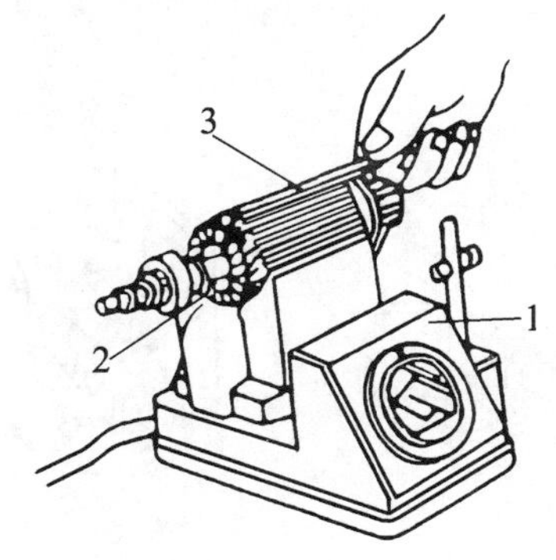

图 2-6-5　电枢绕组短路试验

1-感应仪；2-试验钢片；3-电枢

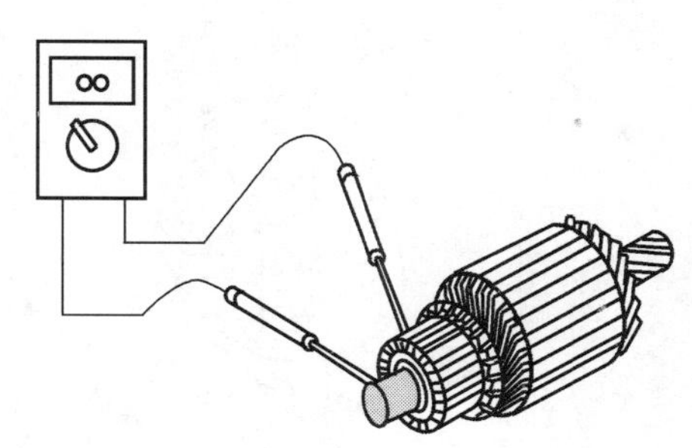

图 2-6-6　电枢绕组搭铁故障的检测

换向器的搭铁短路检查，如图 2-6-8 所示，可用电阻表检查换向片与电枢轴之间的电阻，应不导通，否则应更换电枢。

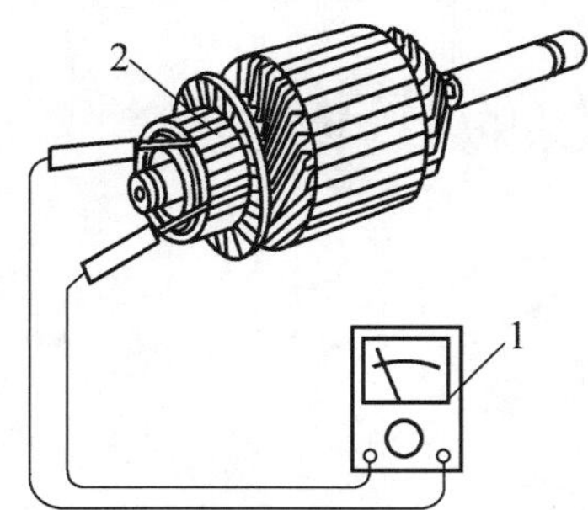

图 2-6-7　换向器的开路检查

1-电阻表；2-换向器

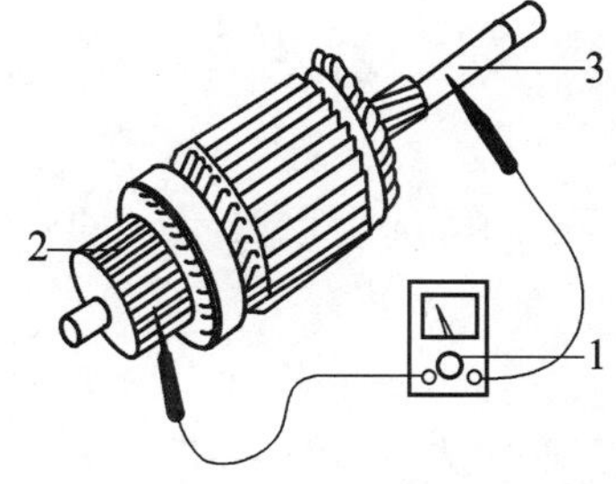

图 2-6-8　换向器的搭铁短路检查

1-电阻表；2-换向器；3-电枢轴

2. 磁场（定子）绕组的检修

磁场绕组的故障主要有断路和搭铁短路。

（1）断路检查。一般由于引出线头各励磁线圈之间连接处的脱焊、假焊所致。磁场绕组断路的检查如图 2-6-9 所示，用电阻表（R ×1Ω 挡）测量磁场绕组的正极端与电刷之间的电阻，应为 0Ω，否则，说明磁场绕组断路，应更换。

（2）搭铁短路检查。励磁绕组的搭铁故障多因绝缘层击穿或被碰伤所致。磁场绕组搭铁短路的检查如图 2-6-10 所示。用电阻表(R×kΩ 挡)检查磁场绕组的正极端与定子壳体之间的电阻,应为∞,否则,表示磁场绕组与壳体短路,应更换。

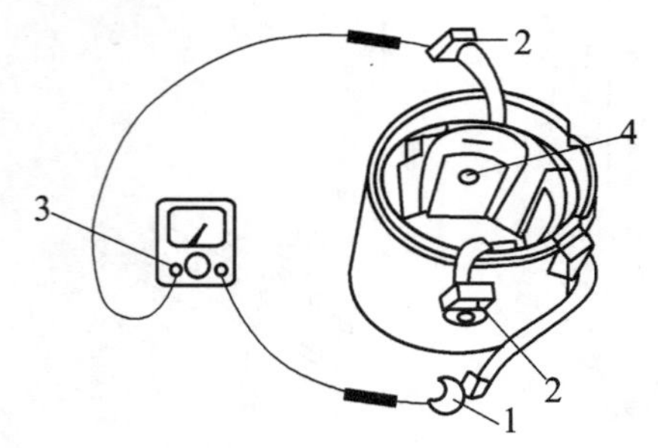

图 2-6-9　磁场绕组断路的检查

1-磁场绕组的正极端;2-电刷;3-电阻表;4-磁场绕组

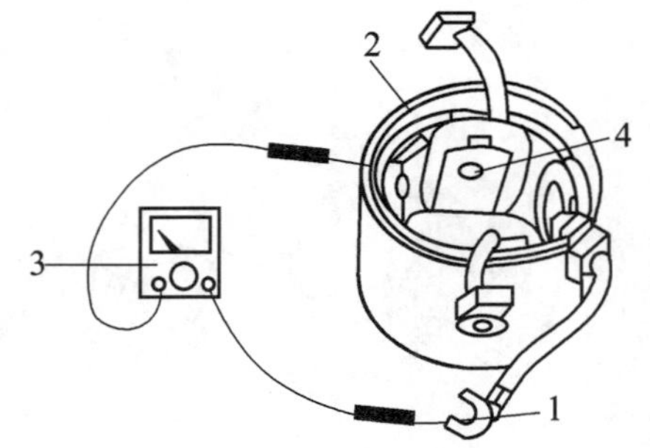

图 2-6-10　磁场绕组搭铁短路的检查

1-磁场绕组的正极端;2-起动机壳体;3-电阻表;4-磁场绕组

第四节　起动系统的故障分析

起动系统的常见故障主要有:起动机不转、起动无力、打齿、空转、发咬、打滑等。

一　起动机不转故障的分析

1. 故障现象

接通点火开关"起动(ST)"挡(或接起动开关按钮),起动机没有转动迹象。

2. 原因分析

(1)蓄电池方面故障。

①蓄电池长期存电不足或蓄电池内部存在严重故障。

②极桩或电缆线接头表面氧化严重,致使接触不良。

(2)起动继电器方面故障。

①起动继电器线圈断路、短路、搭铁。

②起动继电器触点烧蚀、油污、铁芯及触点臂气隙过大。

③保护继电器触点烧蚀、油污。

(3)与防盗结合在一起的微机控制的起动系统，防盗因各种原因起作用了。

(4)起动机方面故障。

①换向器油污、烧蚀、磨损起沟槽。

②电刷卡死在电刷架内、弹簧折断。

③励磁线圈或电枢线圈出现搭铁、断路、短路故障。

④电磁开关吸拉线圈或保持线圈出现搭铁、断路、短路故障。接触盘严重烧蚀。

(5)其他方面故障。

①点火开关(起动按钮)失灵。

②各有关导线断路、连接不良或线路连接错误。

③采用充电指示灯组合式继电器时，硅整流发电机正极管击穿短路。

二 起动机空转故障分析

1. 故障现象

接通起动开关，起动机只是空转，发动机曲轴不转动。

2. 原因分析

(1)起动机单向离合器打滑。

(2)飞轮齿圈严重磨损或打坏。

(3)电磁控制的起动机，其电磁开关铁芯行程太短。

(4)拨叉与铁芯连接处脱开，或拨叉安装在单向离合器拨叉套外面。

三 起动时有“打齿”的故障分析

1. 故障现象

接通起动机开关，起动机在飞轮齿圈处发出强烈的打齿声，且不能带动发动机运转。

2. 原因分析

(1)起动机安装螺钉松旷。

(2)起动机开关或电磁开关行程调整不当,即在驱动齿轮与飞轮齿圈还未正常啮合,主电路即接通,驱动齿轮在高速旋转情况下与齿圈难以正常啮合。

(3)起动机电枢轴承松旷,致使电枢轴与轴承径向间隙过大,转子体与磁极相碰产生异响。

(4)驱动齿轮和飞轮齿圈的齿损坏严重。

第五节　点火系统的结构与检修

汽油机属于点燃式发动机,要求在压缩行程终了前,准时、可靠地点燃可燃混合气。可燃混合气是由火花塞点燃,从而燃烧对外做功,为此,汽油机的燃烧室中都装有火花塞。当在火花塞两电极间加上直流电压并且电压升高到一定值时,火花塞两电极之间的间隙就会被击穿而产生电火花。能够在火花塞两电极间产生电火花的全部设备称为发动机点火系统。点火系统的工作对发动机的性能有着决定性影响。

一　点火系统的作用和基本工作原理

点火系统的作用是将汽车电源供给的低压电转变为高压电,并按照发动机的做功顺序与点火时间的要求,适时、准确地配送给各缸的火花塞,在其间隙处产生电火花,点燃汽缸内被压缩的可燃混合气,如图 2-6-11 所示。

如果要将汽车上 12V 的低压直流电转变为能产生足够强度火花的高压电(15000 ~30000V),只有采用变压器的方式,通过次级线圈和初级线圈匝数较大的比值来产生高压电。

点火系统最基本的工作原理就是通过断电开关控制点火线圈初级

线圈中电流的大小和切断时机，从而控制点火能量和点火时刻。断电开关有机械控制、电子控制和微机控制等不同的控制方式，由此构成了不同的点火系统。

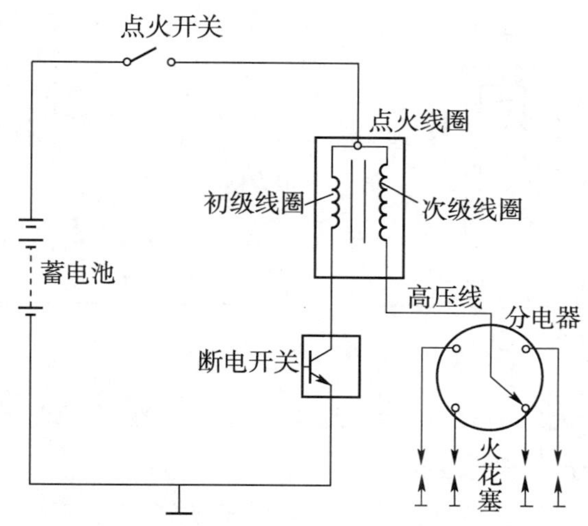

图 2-6-11　点火系统基本工作原理

二 对点火系统的要求

为了保证点火系统应在发动机各种工况和使用条件下可靠而准确的点火，故对点火系统提出如下基本要求。

(1) 能产生足以击穿火花塞电极间隙的电压。

(2) 电火花应具有足够的能量。

(3) 点火时刻和顺序应适应发动机的工作状况。

在压缩行程中，从点火开始到活塞运行到上止点时曲轴所转过的角度，称为点火提前角。点火提前角对发动机的性能有着重要的影响。

三 汽车点火系统的发展过程

汽车点火系统的发展大致经历下面三个阶段：传统机械触点式点火系统、无触点电子点火系统、微机控制点火系统（包括有分电器的微机控制点火系统和无分电器的微机控制点火系统）。

1. 传统机械触点式点火系统

传统机械触点式点火系统的工作原理如图 2-6-12 所示。

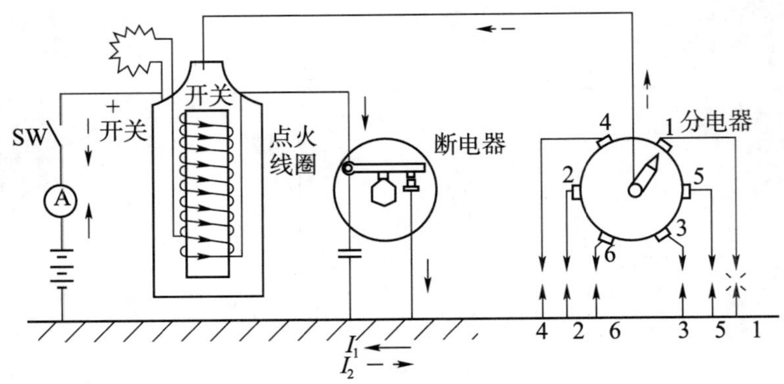

图 2-6-12　传统机械触点式点火系统的工作原理

2. 无触点电子点火系统

无触点电子点火系统的工作原理如图 2-6-13 所示。

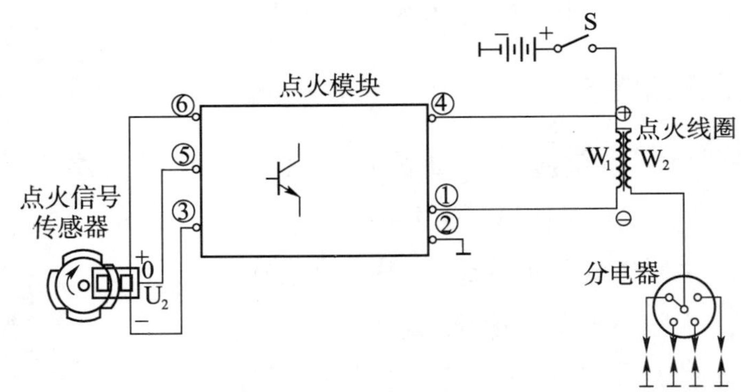

图 2-6-13　无触点式点火系统的工作原理

3. 微机控制点火系统

微机控制点火系统的工作原理如图 2-6-14 所示。

微机控制点火系统主要由三部分组成：监测发动机运行状况的各种传感器和各种信号输入开关；处理信号、发出指令的微机；响应微机发出指令的点火器、点火线圈等。

微机控制点火系统可分为两种类型，即有分电器的微机控制点火系统和无分电器的微机控制电子点火系统。

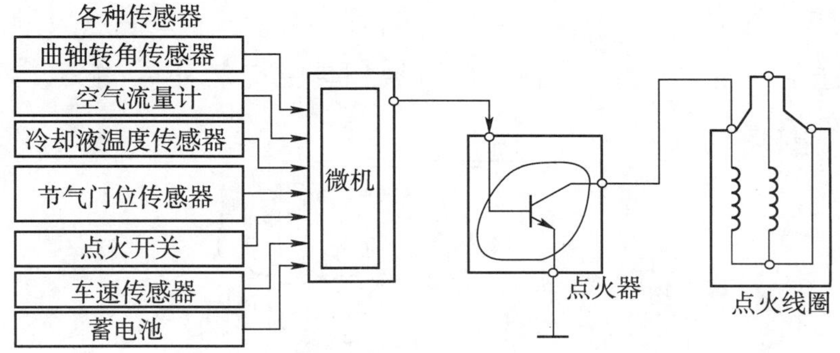

图 2-6-14 微机控制点火系统的工作原理

第六节 无触点电子点火系统

无触点电子点火系统采用点火信号传感器,来控制电子点火模块(又称点火控制器)内大功率三极管的通断,取代传统点火系统中的机械断电触点,使点火线圈的初级绕组电流接通或断开,从而使次级绕组感应出高压电。点火信号传感器的作用是产生对应于汽缸数及曲轴位置的电压信号,用以触发点火模块,使点火线圈产生高压电供火花塞跳火。

常见的点火信号传感器有磁感应式、霍尔效应式和光电式三种。

一 磁感应式无触点电子点火系统(简称磁感应式电子点火系统)

它由电源、点火开关、电子点火模块、点火线圈、带磁感应式点火信号传感器的分电器总成及火花塞等部件组成,如图 2-6-15 所示。

(1)电源:由蓄电池和发电机组成。

(2)点火开关:控制点火系统低压电路的通断,控制发动机的起动和熄火。

(3)电子点火模块:根据磁感应式点火信号传感器传来的控制信号,准时切断或接通点火线圈初级绕组的电流。

(4)带磁感应式点火信号传感器的分电器总成:在发动机凸轮轴驱动下,磁感应式信号传感器产生控制信号,并由分火头按点火顺序将高压电传送至各缸火花塞;同时设有机械和真空提前装置,能自动实现对点火时刻的调整。

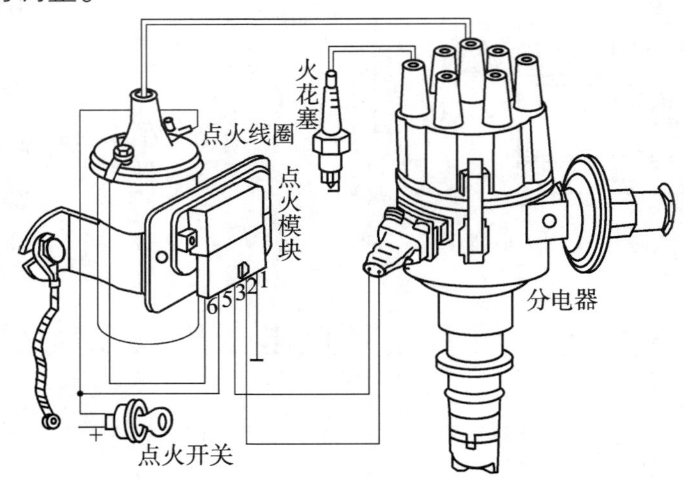

图 2-6-15　汽车磁感应式无触点电子点火系统组成

(5)点火线圈:将汽车电源提供的 12V 低压电转变成能击穿火花塞电极间隙的高压电。

(6)火花塞:将高压电引入燃烧室,产生电火花点燃混合气。

二 霍尔效应式无触点电子点火系统(简称霍尔式电子点火系统)

霍尔效应式电子点火系统由电源、点火开关、电子点火模块、高能点火线圈、霍尔式分电器总成、火花塞等部件组成,如图 2-6-16 所示。

1. 电子点火模块(即点火器)

桑塔纳轿车采用的电子点火模块内部为先进的混合集成电路,其外形如图 2-6-17 所示。有 7 个插脚,其中第 7 个脚为空置。该电子点火模块具有恒流点火(初级电流恒定 7.5A)、闭合角控制、初级电流上升率控制、停车断电保护、过电压保护等功能。

2. 高能点火线圈

桑塔纳轿车(LX)配用专用高能点火线圈,故无需配置附加电阻来提高点火性能，其初级绕组的阻值应为 0.52 ~0.76Ω；次级绕组的阻值应为 2.4 ~3.5kΩ。

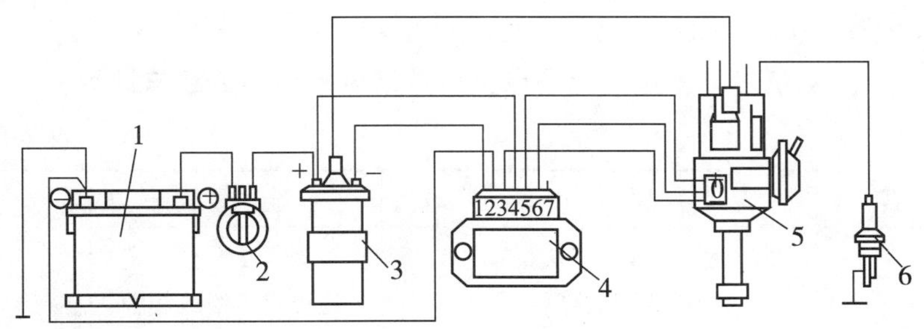

图 2-6-16　电子点火系统基本结构组成

1-蓄电池；2-点火开关；3-点火线圈；4-电子点火器；5-分电器(带信号传感器)；6-火花塞

3. 火花塞

桑塔纳轿车(LX)推荐使用型号为 E6T 的四侧电极火花塞，电极间隙为 0.7 ~0.9mm，更换周期为 30000km。

图 2-6-17　点火器外形

二　电子点火系统使用、维修及常见故障诊断

1. 电子点火系统使用维修注意事项

(1)拆卸点火系统的导线时，应先关掉点火开关。

(2)其各连接线应安装正确、牢固。

(3)点火装置的搭铁应可靠良好。

(4)洗车时，应防止水溅入到电子元件上。

(5)在车上电焊作业时，应先拆去蓄电池搭铁线。

(6)点火线圈应用高能点火线圈。

(7)当需要转动发动机，而又不想使其发动，此时应拔下高压线并将其搭铁，不能使其处于开路状态。

2. 电子点火系统诊断思路

电子点火系统出现故障时判断故障的基本思路与传统点火系统并

无明显区别。

对于发动机发动不正常的电子点火系统故障诊断，应仔细观察其故障现象，根据故障现象来进行故障诊断。具体见表 2-6-1。

发动机发动不正常电子点火系统常见故障的诊断与排除

表 2-6-1

故　障	原　因	排除方法
怠速不良或失速	火花塞故障； 点火线或线圈故障； 分电器故障； 点火正时不当	检查火花塞； 检查点火线或线圈； 检查分电器； 调整
发动机喘气或加速无力	火花塞积炭严重； 点火正时不准； 点火提前装置不起作用； 线路接触不良	清除积炭或更换热型火花塞； 调整点火正时； 修理检查点火提前装置； 清洁各插头
发动机易爆震	点火时间过早； 点火提前装置故障； 火花塞过热或积炭； 分电器或点火信号传感器工作不良	调整点火正时； 检查修理点火提前装置； 清除积炭或更换火花塞； 检查修理分电器及点火信号传感器
发动机过热及加速时化油器回火	点火正时不当； 点火提前装置工作不良	检查调整点火正时； 检查修理或更换点火提前装置
个别汽缸断火	高压分火线漏电或插头脱落，火花塞工作不良； 分电器盖插孔烧蚀、漏电或脏污； 高压分火线插错	更换高压分火线； 清洁调整火花塞间隙，必要时更换火花塞； 清洁或更换分电器盖； 重新按点火顺序插高压分火线

第七节　微机控制点火系统

微机控制点火系统可将所有影响发动机点火的因素都考虑进去，使发动机在任何工况下都能提供最佳的点火时刻，进一步提高发动机的动力性和经济性，降低汽车的排气污染。

微机控制点火系统可分为两种不同的类型，即有分电器的微机控制点火系统和无分电器的微机控制点火系统。

一　微机控制电子点火系统的组成

图 2-6-18 所示为微机控制点火系的基本组成。其基本组成主要由下列三部分组成：监测发动机运行状况的各种传感器和各种信号输入开关；处理信号、发出指令的微机；响应微机发出指令的点火器、点火线圈等。

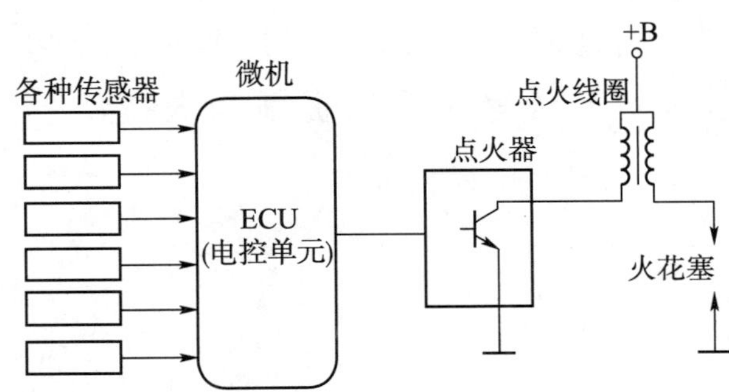

图 2-6-18　微机控制电子点火系统组成

1. 传感器

传感器用来检测与点火有关的发动机工况信息，并将信息输入电子控制器，作为运算和控制点火时刻的依据。

1) 曲轴转速和位置传感器

该传感器可检测发动机曲轴转角、转速及活塞上止点位置（不同汽车有差异），并将检测电信号输入微机，用以控制点火和喷油。

2) 凸轮轴位置传感器（点火基准传感器）

此传感器可对凸轮轴转至某一位置（如汽缸正在进行的工作行过程是压缩行程还是排气行程以及活塞处于何位置）的情况向微机传递电信号，微机将这一信号结合曲轴转速和位置信号，用来确定发动机喷油顺序和点火正时，如图 2-6-19 所示。

3)进气压力传感器

对于D形电控燃油喷射系统的发动机,此传感器用来检测发动机的负荷,并将其转化为电信号输入微机,微机以此作为确定点火提前角的基本信号。

4)空气流量传感器

在L形电控燃油喷射系统中,空气流量传感器用来测量进入汽缸的空气量,作为发动机的负荷信号。空气流量传感器的形式有翼片式、热线式、热膜式和卡门涡流式等各种形式。

5)进气温度传感器

该传感器用来测量发动机的进气温度并将其转化为电信号输入微机,微机可以根据此信号对点火提前角进行修正,如图2-6-20所示。

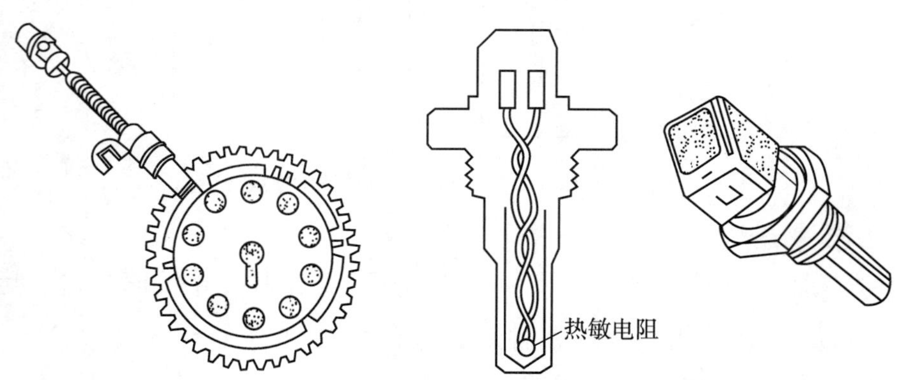

图2-6-19　凸轮轴位置传感器　　图2-6-20　进气温度传感器

6)冷却液温度传感器

该传感器将冷却液温度信号送入微机,发动机微机根据此信号对点火提前角进行修正,并控制起动和暖机期间的点火提前角。

进气温度传感器和冷却液温度传感器常用热敏电阻式传感器,传感器分正温度系数和负温度系数两种,正温度系数的传感器随温度的升高电阻增大;负温度系数传感器随温度下降而增大。

7）节气门位置传感器

此传感器将节气门位置转变为电信号，微机通过这个信号来判断节气门所处的位置及发动机的工况，依此控制和修正点火提前角。节气门位置传感器有开关量输出型和线性输出型两种。

8）爆震传感器

爆震传感器用来检测发动机是否发生爆震，如果发动机发生爆震，微机将自动减小点火提前角。常见的爆震传感器有两种，即一种是磁致伸缩式爆震传感器，另一种是压电式爆震传感器。

9）各种开关输入信号

主要有起动开关信号、空调开关信号、空挡开关信号等。

以上这些传感器，一般都与电控燃油喷射系统的各传感器共用，确定最佳供油量和最佳点火提前角。

2. 电控单元（ECU）

它是微机点火系统的核心，在点火系统工作时，接受前述各种传感器传来的信号，按照特定的程序进行判断、运算后，给点火器输出最佳点火提前角和初级电路导通时间的控制信号。

3. 点火器

点火器是微机点火控制系统的功率输出级，它按电控单元输出的指令工作，并对点火信号进行放大，驱动点火线圈工作。

二　微机点火控制

在微机控制点火系统中，微机对点火的控制包括点火提前角的控制、闭合角控制（通电时间控制）和爆震控制三个方面。

1. 最佳点火提前角的确定与控制

在微机控制点火系统中，电控单元对点火提前角的控制分为发动机起动时的控制和起动后的点火提前角控制两种工作情况。

最佳点火提前角＝初始点火提前角＋基本点火提前角＋修正点火提前角（或延迟角）

2. 点火提前角的控制方式

点火提前角的控制有开环控制和闭环控制两种方式。

3. 爆震控制

爆震与点火时刻有密切关系。点火提前角越大，燃烧的最大压力就越大，就越易产生爆震。

三 无分电器微机控制点火系统

无分电器微机控制点火系统主要由各种传感器、发动机 ECU 和点火线圈总成、高压线、火花塞等组成，如图 2-6-21 所示。

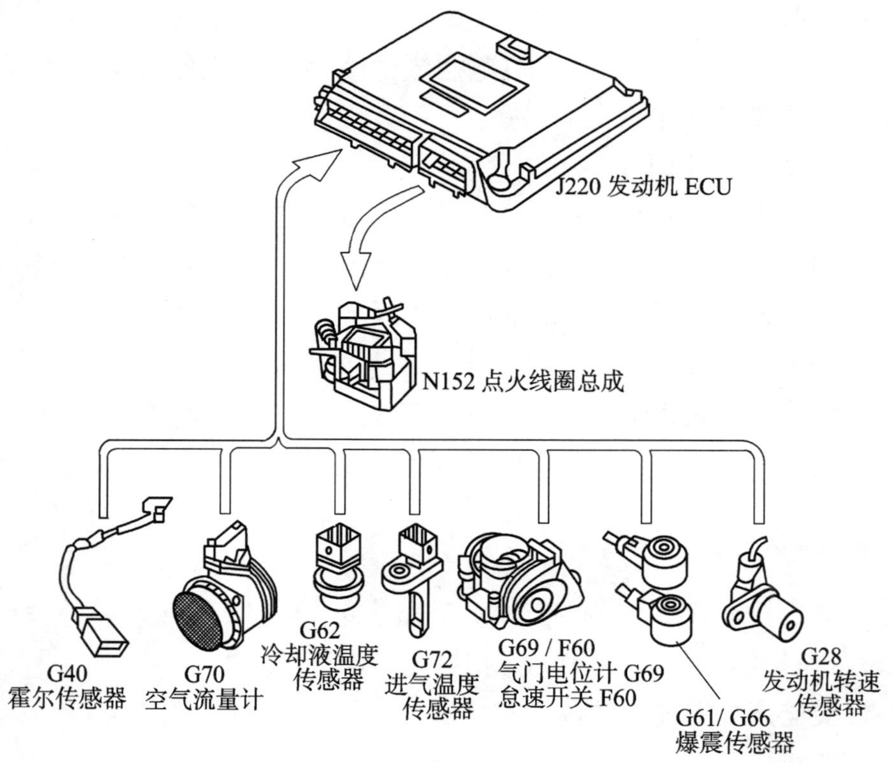

图 2-6-21 发动机无分电器微机控制点火系统组成

点火正时是由发动机 ECU 内存储的点火时间空间点阵图来决定的，并在参考基本信号和修正信号的情况下进行调节。基本信号包括发

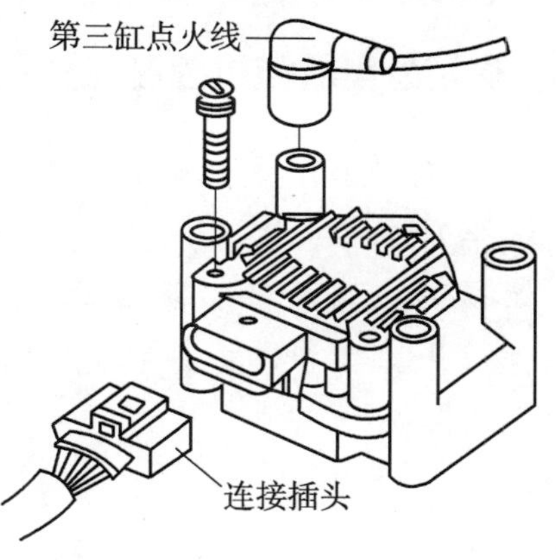

图 2-6-22　点火线圈总成

动机转速传感器和空气流量计信号，修正信号包括冷却液温度传感器、进气温度传感器、节气门电位计、怠速开关、爆震传感器及霍尔传感器的信号。

两个点火线圈（N 和 N128，N 为二、三缸点火线圈，N128 为一、四缸点火线圈）和功率输出极（N122）组成点火线圈总成（N152），如图 2-6-22 所示。

一个点火线圈同时为两个汽缸点火，如图 2-6-23 所示。例如：N 点火线圈为 1 缸和 4 缸同时点火。其中 1 缸在压缩行程上止点，混合气被点燃，该缸为有效点火，而 4 缸在排气行程的上止点，缸内为残余的废气，该缸点火为无效点火。

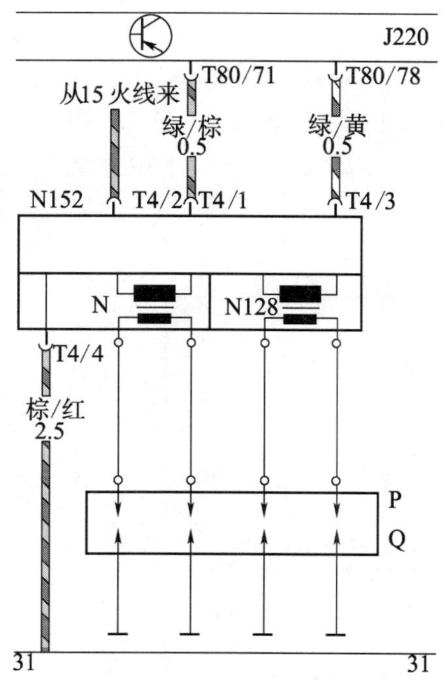

图 2-6-23　点火线圈总成的接线

四 无分电器微机控制点火系统的检修

该点火系统的检修，需要对线路、元件进行检修。为了检修时查找线路方便，关闭点火开关，从 Motronic 控制器上拔下接线插头（图 2-6-24）。拔下要检测的传感器插头，检测其连接导线的电阻。检测时，为了避免损坏电子元件，要注意量程表的量程必须符合检测条件，其检测项目见表 2-6-2。

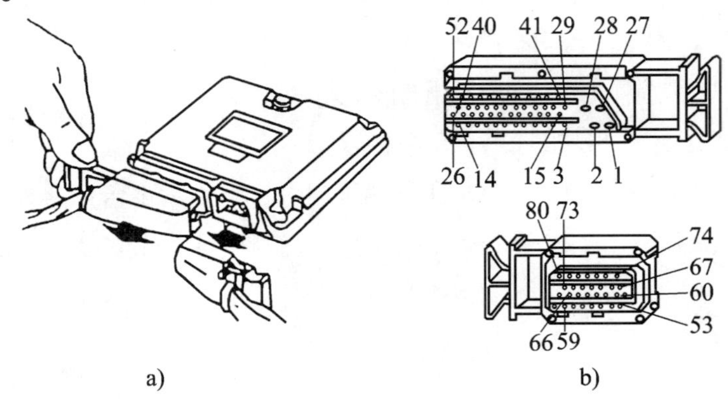

图 2-6-24　电控发动机控制单元接线插座

注：图上数字为电控发动机控制单元插座号

无分电器微机控制点火系统的检测项目　　表 2-6-2

步骤	检 测 项 目		检 测 部 位		额定值（Ω）
			电控单元插座号	元件插座号	
1	至空气质量计（G70）连接导线		11	4	<0.5
			12	3	<0.5
			13	5	<0.5
2	节气门控制部件（J338）	至节气门定位器（V60）	66	1	<1
			59	2	<1
		至怠速开关 F（60）	69	3	<0.5
		至节气门电位计（G69）	62	4	<0.5
			75	5	<0.5
		至怠速开关 F（60）	67	7	<0.5

续上表

<table>
<tr><th rowspan="2">步骤</th><th rowspan="2" colspan="2">检 测 项 目</th><th colspan="2">检 测 部 位</th><th rowspan="2">额定值(Ω)</th></tr>
<tr><th>电控单元插座号</th><th>元件插座号</th></tr>
<tr><td rowspan="3">2</td><td rowspan="3">节气门控制部件(J338)</td><td>至节气门电位计(G88)</td><td>74</td><td>8</td><td><0.5</td></tr>
<tr><td>怠速开关闭合</td><td>67 与 69</td><td></td><td><1</td></tr>
<tr><td>怠速开关打开</td><td>67 与 69</td><td></td><td>∞</td></tr>
<tr><td rowspan="2">3</td><td rowspan="2" colspan="2">至冷却液温度传感器(G62)</td><td>67</td><td>1</td><td><1</td></tr>
<tr><td>53</td><td>3</td><td><0.5</td></tr>
<tr><td rowspan="2">4</td><td rowspan="2" colspan="2">至进气温度传感器(G72)</td><td>54</td><td>1</td><td><0.5</td></tr>
<tr><td>67</td><td>2</td><td><1</td></tr>
<tr><td rowspan="4">5</td><td rowspan="4" colspan="2">至发动机转速传感器(G28)</td><td>发动机搭铁点</td><td>1</td><td><0.5</td></tr>
<tr><td>63</td><td>2</td><td><0.5</td></tr>
<tr><td>56</td><td>3</td><td><0.5</td></tr>
<tr><td>6</td><td>D26</td><td><0.5</td></tr>
<tr><td rowspan="4">6</td><td rowspan="4" colspan="2">至氧传感器(G39)</td><td>熔断丝 S30</td><td>1</td><td>通</td></tr>
<tr><td>27</td><td>2</td><td><20</td></tr>
<tr><td>25</td><td>3</td><td><1.5</td></tr>
<tr><td>26</td><td>4</td><td><1.5</td></tr>
<tr><td rowspan="4">7</td><td rowspan="4" colspan="2">至点火线圈 N152</td><td>搭铁点</td><td>4</td><td>通</td></tr>
<tr><td></td><td>2 与 D23</td><td>通</td></tr>
<tr><td>78</td><td>3</td><td><0.5</td></tr>
<tr><td>71</td><td>1</td><td><0.5</td></tr>
<tr><td rowspan="3">8</td><td rowspan="3" colspan="2">至霍尔传感器(G40)</td><td>62</td><td>1</td><td><0.5</td></tr>
<tr><td>76</td><td>2</td><td><0.5</td></tr>
<tr><td>67</td><td>3</td><td><1</td></tr>
<tr><td rowspan="2">9</td><td rowspan="2" colspan="2">至活性炭罐电磁阀(N80)</td><td>15</td><td>2</td><td><0.5</td></tr>
<tr><td>熔断丝 S30</td><td>1</td><td>通</td></tr>
<tr><td rowspan="2">10</td><td rowspan="2" colspan="2">至空调压缩机</td><td>8</td><td>压缩机电磁开关插头触点</td><td><0.5</td></tr>
<tr><td>10</td><td>A/C 开关</td><td><0.5</td></tr>
<tr><td>11</td><td colspan="2">至车速传感器</td><td>20</td><td>3</td><td><0.5</td></tr>
</table>

续上表

步骤	检测项目	检测部位		额定值(Ω)
		电控单元插座号	元件插座号	
12	至爆震传感器(G61)	68	1	<0.5
		67	2	<1
		2	3	<0.5
13	至爆震传感器(G66)	60	1	<0.5
		67	2	<1
		2	3	<0.5
14	至一缸喷油器(N30)	73	2	<1.0
15	至二缸喷油器(N31)	80	2	<1.0
16	至三缸喷油器(N32)	58	2	<1.0
17	至四缸喷油器(N33)	65	2	<1.0

第八节　点火系统波形分析概述

一　点火波形分析的意义

现代汽车由于环保和经济的要求,发动机采用高压缩比和稀薄混合气燃烧技术,所以对点火系统的可靠性和准确性提出了更高的要求。足够能量的火花和正确的点火时间是保证发动机良好工作的重要条件之一。

检测点火系统故障的有效手段,就是利用汽车示波器分析点火波形。通过对点火波形的分析,可以从细微处分析车辆的技术状况,确定点火系统本身、发动机机械部分和燃油系统是否有故障,从而确定修理方向。

二　点火波形分析的类型

(1)初级点火波形分析。

(2)次级点火波形分析。

三 点火波形的定义

发动机工作时，点火系统的初级电压或次级电压，随着发动机曲轴转角（时间）的变化关系，用 U-t（或 t-U）曲线表示。

在不解体的情况下，发动机点火系统的检测诊断主要分为点火波形的检测与分析和点火正时的检测两个方面。

四 波形分析的定义

波形分析是指把汽车发动机点火系统的实际点火波形与标准波形比较，以判断点火系统故障的过程，如图 2-6-25 所示。

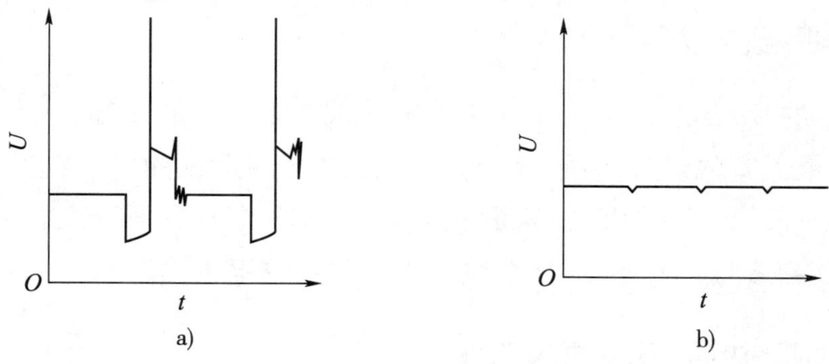

图 2-6-25　波形分析

a）正常的点火波形；b）实测点火波形

第七章 冷却系统、润滑系统的结构与检修

第一节 冷却系统概述

一 冷却系统的功用

发动机冷却系统是使工作中的发动机得到适度的冷却，从而保持发动机在最适宜的温度范围内工作。采用水冷却系统的发动机冷却液工作温度一般为 80～105℃；AJR 发动机为 93～105℃；EQ6100—1 发动机为 80～85℃。另外，冷却系统还为暖风系统提供热源。

二 冷却系统的类型、组成及工作

按照冷却介质的不同，发动机的冷却系统有水冷却系统和风冷却系统两种。现代汽车发动机普遍使用水冷却系统。

三 水冷却系统

使发动机中高温零件的热量先传给冷却液，然后散发到大气而进行冷却的一系列装置称为水冷却系统。由于水冷却系统冷却均匀可靠，工作噪声小，因此被广泛采用；但其结构较复杂，维修和使用不当可能会出现冷却液渗漏、管路冻裂等故障。汽车发动机上采用的水冷却系统，大都是用水泵强制地使冷却液在冷却系统中进行循环流动的，故称为强制循环式水冷却系统，如图 2-7-1 所示。

1. 水冷却系统的组成

水冷却系统一般由水泵、散热器、节温器、冷却风扇、风扇控制机构、百叶窗、水套、膨胀水箱、温度指示器及报警灯等组成。图 2-7-1 所示为发动机冷却系统布置图。

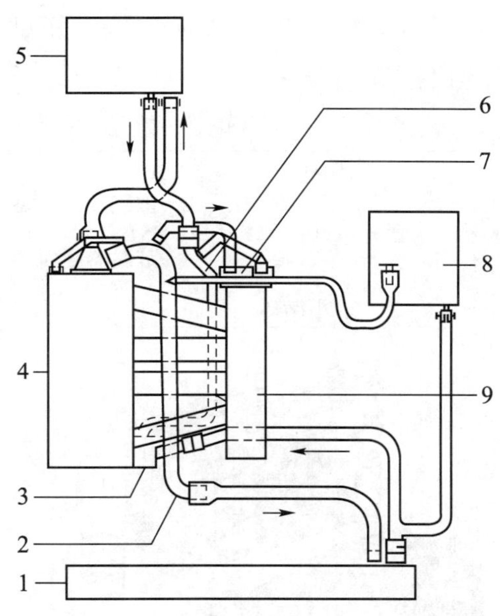

图 2-7-1　发动机冷却系统布置图

1-散热器;2-上冷却液管;3-节温器;4-汽缸体;5-暖风热交换器;6-下冷却液管;7-进气预热;8-冷却液储液罐;9-进气歧管

2. 水冷却系统的工作循环(水流路线)

水冷却系统大、小循环工作情况如图 2-7-2 所示。

四 冷却液及防冻液

水冷却液是指直接用水作冷却液,它具有简单方便的优点。但是,水沸点低,易蒸发,需经常添加。冷却水最好选用软水,即含盐分少的水,如雨水、雪水、自来水等。

防冻冷却液是一种含有特殊添加剂的冷却液,起冷却、防冻、防锈和防积水垢等作用。现代轿车发动机普遍采用防冻冷却液。

五 水冷却系统主要零部件

1. 水泵

水泵的作用是对冷却液加压，使其在冷却系统中强制循环流动。由于离心式水泵具有尺寸小、出水量大、结构简单，并且当水泵损坏后不妨碍水在冷却系统内的自然循环等特点，所以被广泛采用。离心式水泵主要由壳体、叶轮、泵盖板、水泵轴、支撑轴承、水封等组成，如图 2-7-3 所示。

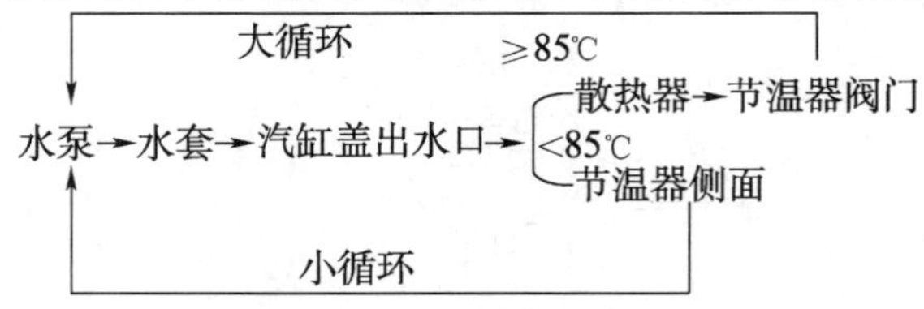

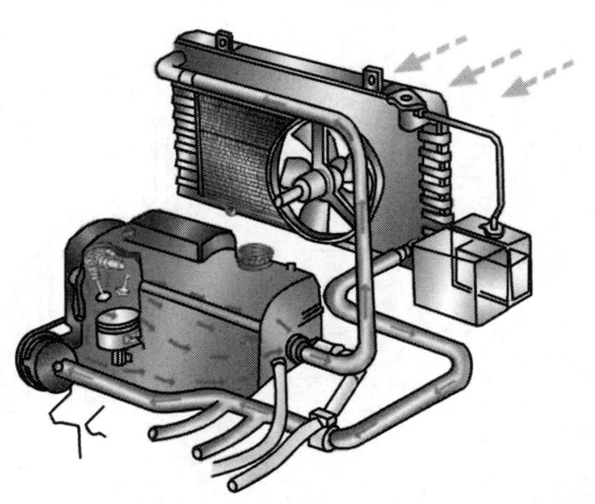

图 2-7-2　水冷却系统工作循环

2. 散热器

散热器的功能是将水套中出来的热冷却液得到迅速冷却，以保持发动机的正常冷却液温度。散热器的结构主要组成部分为上储水室、下储水室、散热器芯（包括冷却管和散热带）和散热器盖等组成，如图 2-7-4 所示。

3. 膨胀水箱

加注防锈、防冻液的汽车发动机常采用膨胀水箱，其功用主要有：把冷却系统变成永久性封闭系统，减少了冷却液的损失；避免空气不断进入，避免了零件的氧化腐蚀；减少了穴蚀；使冷却系统中冷却液、汽分离，保持系统内压力稳定，提高了水泵的泵水量，如图 2-7-5 所示。

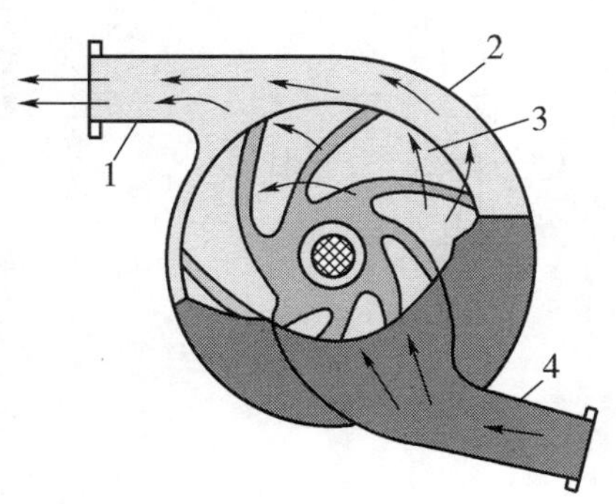

图 2-7-3　离心式水泵工作原理

1-出水管；2-水泵轴；3-叶轮；4-进水管

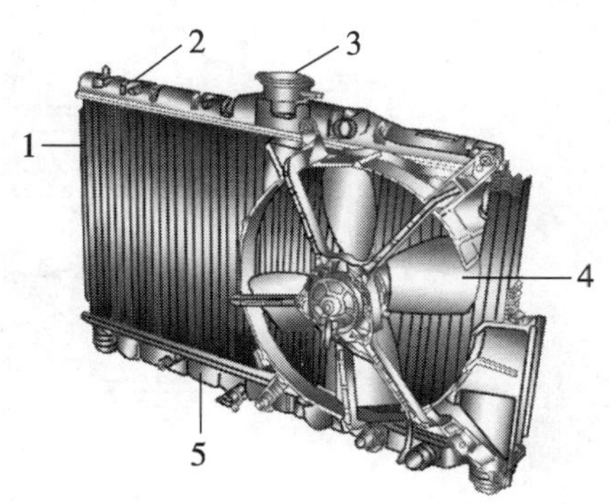

图 2-7-4　散热器

1-散热器芯；2-上储水室；3-散热器盖；4-风扇；5-下储水室

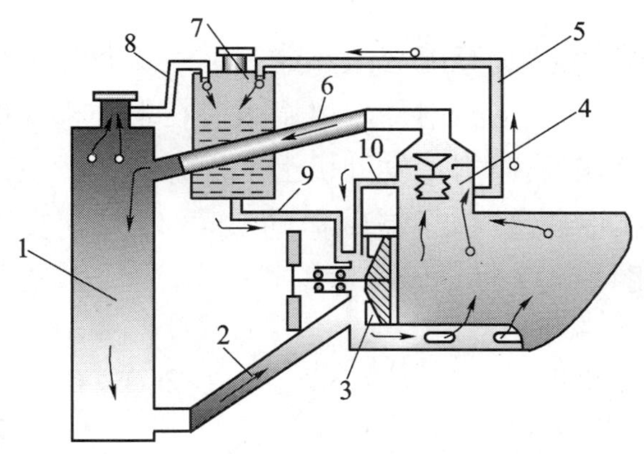

图 2-7-5　膨胀水箱连接图

1-散热器；2-水泵进水管；3-水泵；4-节温器；5-水套出气管；6-水套出水管；7-膨胀水箱；8-散热器出气管；9-补充水管；10-旁通管

4. 节温器

节温器安装在冷却液循环的通路中（一般安装在汽缸盖的出水口），根据发动机负荷的大小和冷却液温度的高低自动改变冷却液的循环流动路线，以达到调节冷却系统的冷却强度的目的。汽车发动机广泛采用蜡式节温器，它有单阀型与双阀型两种，如图 2-7-6 所示。

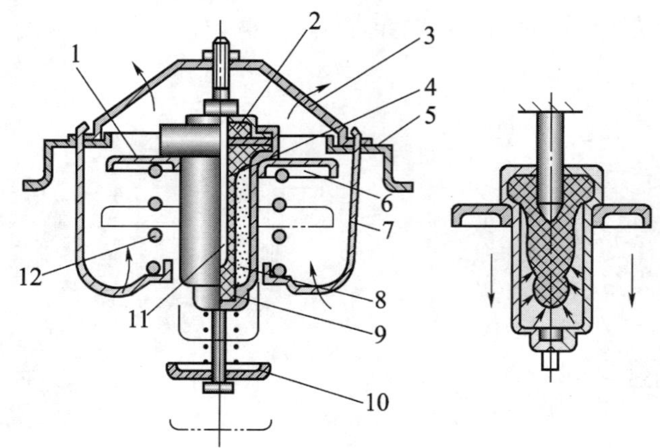

图 2-7-6　双阀型蜡式节温器

1-主阀门;2-盖和密封垫;3-上支架;4-胶管;5-阀座;6-通气孔;7-下支架;8-石蜡;9-感应体;10-旁通阀;11-中心杆;12-弹簧

5. 冷却风扇

冷却风扇的功用是提高流经散热器的空气流速和流量,以增强散热器的散热能力并冷却发动机附件。风扇多装在发动机与散热器之间,与水泵同轴驱动。目前汽车水冷发动机上常用螺旋桨式风扇;风扇叶片材料有钢板、塑料和铝合金;为了减轻振动噪声,叶片间夹角不等;叶片数为 4 ~6 片。如图 2-7-7 所示。

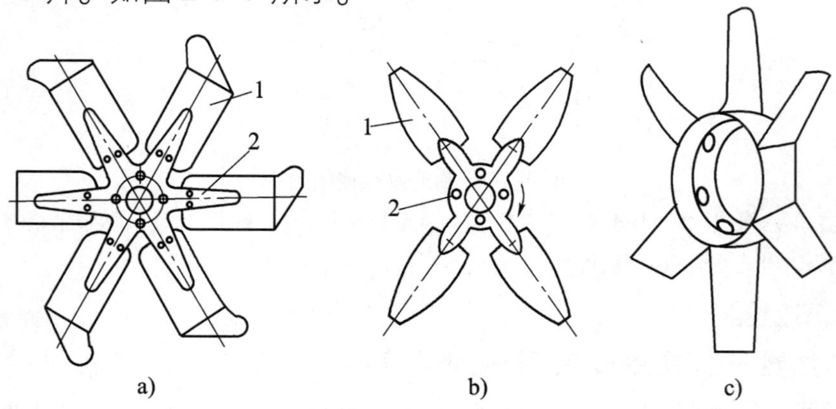

图 2-7-7　冷却风扇叶片类型

a)叶尖前弯的风扇;b)尖窄根宽的风扇;c)尼龙压铸整体风扇

1-叶片;2-连接板

风扇的扇风量主要与风扇的直径、转速、叶片形状、叶片安装角及叶片数目有关。风扇转速的控制方法主要有两种：电动风扇和硅油风扇离合器，目前在轿车上大多采用电动风扇。

第二节　冷却系统零件的检修

一　节温器的检查

节温器的检查如图 2-7-8 所示。在水中加热节温器，观察节温器阀门开启温度和升程，节温器开始打开温度为(87 ±2)℃，结束打开温度约为 120℃，节温器最大升程约为 8mm。

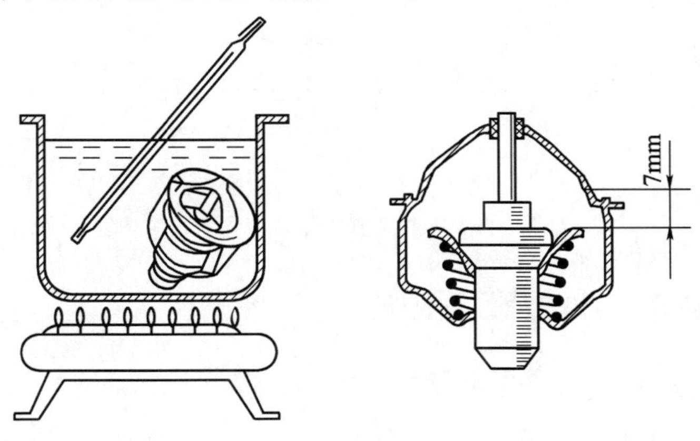

图 2-7-8　检查节温器

二　散热器的常见故障

散热器常见的故障有：散热器碰伤而破漏，冷却液管受到腐蚀而损坏，内部沉积水垢，外表脏污，从而影响散热器的性能。

三　水泵的常见损伤

水泵常见的损伤有：水泵壳体渗漏、破裂变形；水泵叶轮破裂；水封损坏；水泵轴与轴承磨损；轴承座孔磨损等。

四 热敏开关的检查

轿车发动机冷却系统热敏开关的检查如图 2-7-9 所示，把热敏开关拆下并放入水中加热，用万用表的电阻挡测量热敏开关的接线端及外壳间的电阻。当冷却液温度达到 93 ~98℃时，万用表应指示热敏开关导通；当冷却液温降至 88 ~93℃时，万用表应指示热敏开关断开。否则热敏开关损坏，应更换。

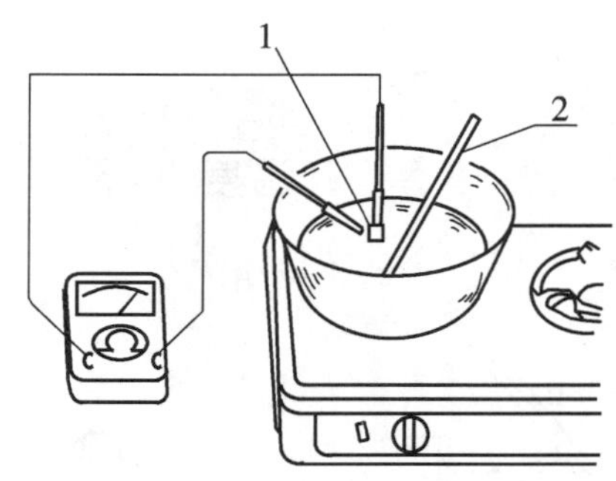

图 2-7-9 热敏开关的检查
1-散热器热敏开关;2-温度计

五 冷却系统常见故障及诊断原则

冷却系统常见故障有发动机过热、冷却系统渗漏等。

冷却系统故障诊断基本原则：明察现象，问诊结合；先外后内，由简到繁。

第三节 发动机润滑系统

一 润滑系统的功用与润滑方式

润滑系统的功用就是不断地将清洁的、具有一定压力的机油输送到各零件的摩擦表面，以减小零件的摩擦和磨损。此外，由于机油的循环流动，还具有对摩擦面清洁、冷却、密封、减振和防锈等作用，如图 2-7-10 所示。

1. 压力润滑

对载荷大、相对运动速度高的摩擦表面均采用压力润滑，如主轴承、连杆轴承、凸轮轴轴承、气门、摇臂轴等处。

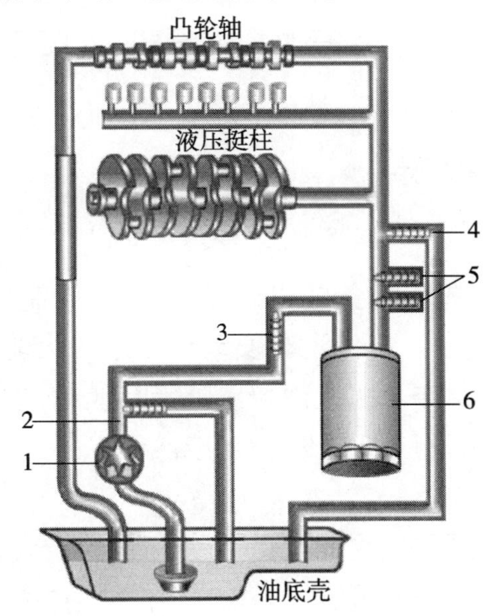

图 2-7-10　发动机润滑系统

1-机油泵；2-过压阀；3-回油关闭阀；4-过压阀；5-油压开关；6-带旁通阀的机油滤清器

2. 飞溅润滑

对外露表面、载荷较小的摩擦表面采用飞溅润滑，如汽缸壁、活塞销、凸轮、挺柱等处。

3. 定期润滑

对一些不太重要、分散的部位，采用定期加入润滑脂的方式进行润滑，如发动机水泵轴承、发电机、起动机和分电器等总成的润滑，即采用这种润滑方式。

二　润滑系统的组成

为了保证发动机得到正常的润滑，发动机润滑系统一般由油底壳、机油泵、机油滤清器、限压阀、旁通阀、油道、机油散热器以及机油标尺等组成。

三 发动机的润滑部位

发动机的润滑部位主要有曲柄连杆机构、配气机构及正时齿轮室等。

四 润滑系统的主要零部件

1. 机油泵

机油泵的功用是把一定量的机油压力升高，强制性地将机油压送到发动机各摩擦表面上去。现代汽车发动机多采用齿轮式机油泵（内啮合式与外啮合式两种）和转子式机油泵。外啮合齿轮式机油泵主要由主动齿轮、从动齿轮、进出油腔及泵体等组成。图 2-7-11 所示为齿轮式机油泵。

转子式机油泵由泵体、主动轴、内转子、外转子、泵盖、限压阀等组成，如图 2-7-12 所示。AJR 发动机润滑系统机油泵采用转子式机油泵，AJR 机油泵直接由曲轴前端的链轮通过链条驱动，如图 2-7-13 所示。

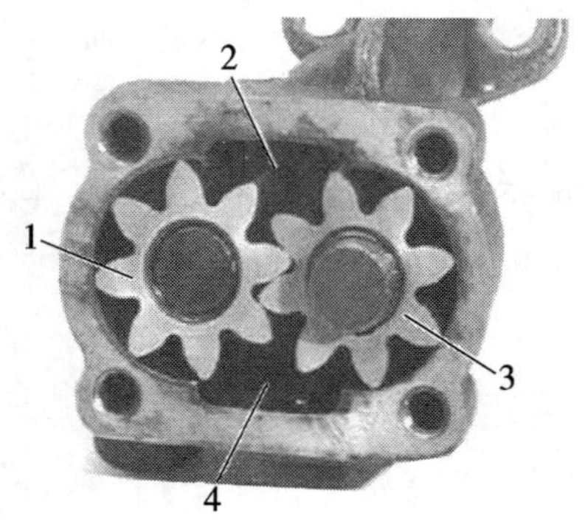

图 2-7-11 外啮合齿轮式机油泵

1-从动齿轮；2-出油腔；3-主动齿轮；4-进油腔

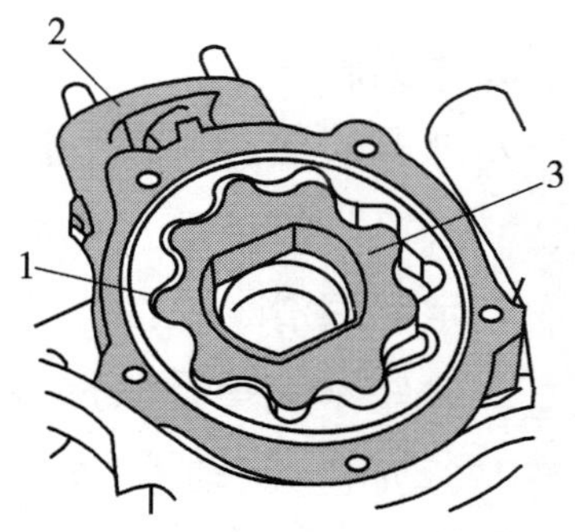

图 2-7-12 转子式机油泵结构

1-外转子；2-泵体；3-内转子

发动机润滑系统转子泵的内转子与泵壳偏心安装，由主动轴驱动。外转子在油泵壳体内可自由转动，外转子与内转子的轮齿啮合转动。由于齿数不同，内外转子转速不等。在结构设计上保证了内、外转子在任何位置各齿之间总有接触点，由于内、外转子的转速不同和内转子的偏心，使内、外转子之间工作腔的容积大小总在发生变化，便产生了吸油和送油作用。

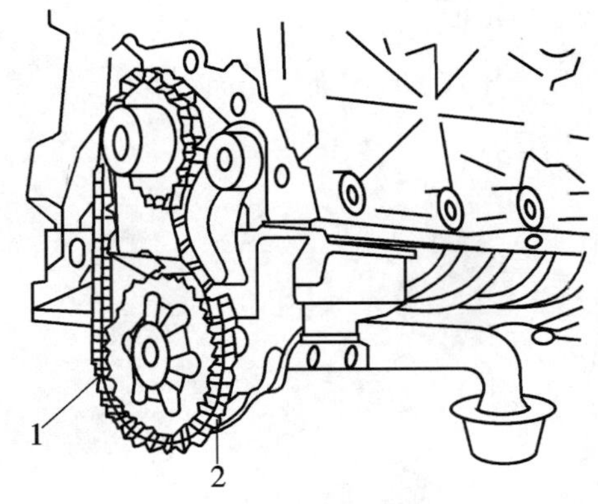

图 2-7-13　发动机机油泵的驱动
1-传感链；2-链条张紧器

2. 机油滤清器

机油在流到摩擦表面之前，所经过的滤清器滤芯愈细密，滤清次数愈多，但会使机油流动阻力愈大，为此，在润滑系统中一般装用几个不同滤清器能力的滤清器，如集滤器、粗滤器和细滤器。

集滤器分为浮式集滤器和固定式集滤器两种。它是由浮子、滤网、罩及焊在浮子上的吸油管所组成。

粗滤器用以滤去机油中粒度较大(直径为 0.05 ~0.1mm)的杂质。它对机油的流动阻力较小，故可串联于机油泵与主油道中间，即属于全流式滤清器，如图 2-7-14 所示。

细滤器用以清除直径在 0.001mm 以上的细小杂质。由于这种滤清器对机油的流动阻力较大，故多做成分流式，即与主油道并联，只有少量机油通过细滤器。因此，细滤器属于分流式滤清器。如图 2-7-15 所示。

3. 机油散热器

一些热负荷较大的发动机上，还装有机油散热器，以对机油进行强制冷却，使机油保持在最佳温度(70 ~90℃)范围内工作。

其主要作用是降低机油温度，保持机油一定黏度。机油散热器如图 2-7-16 所示。

机油散热器有两种形式：风冷式和水冷式。风冷式机油散热器一般安装在发动机冷却液散热器的前面，利用冷却风扇的风力使机油冷却。

4. 阀门

在润滑系统中都设有几个限压阀和旁通阀，以确保润滑系统正常工作。

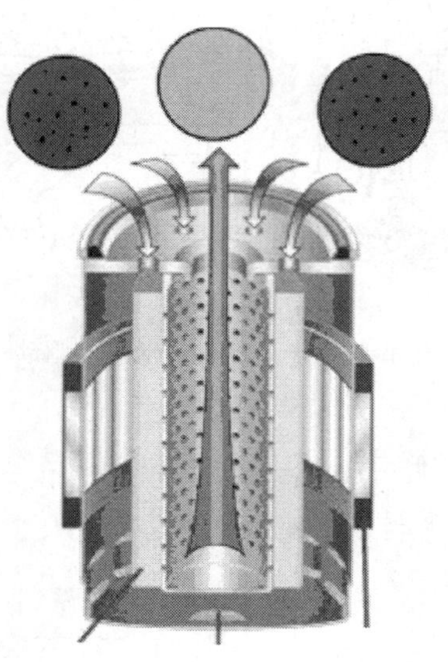

图 2-7-14 粗滤器工作原理

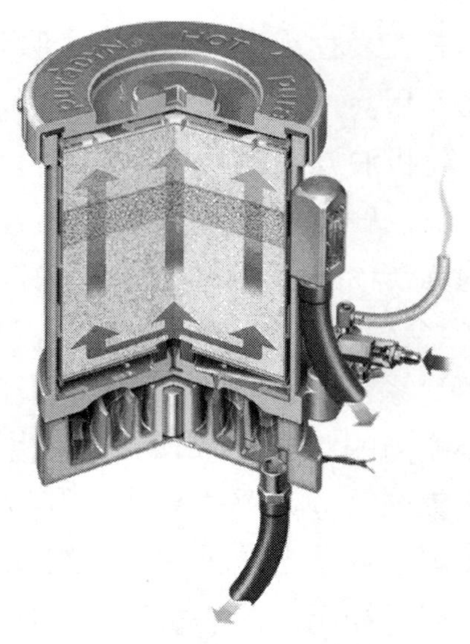

图 2-7-15 细滤器工作原理

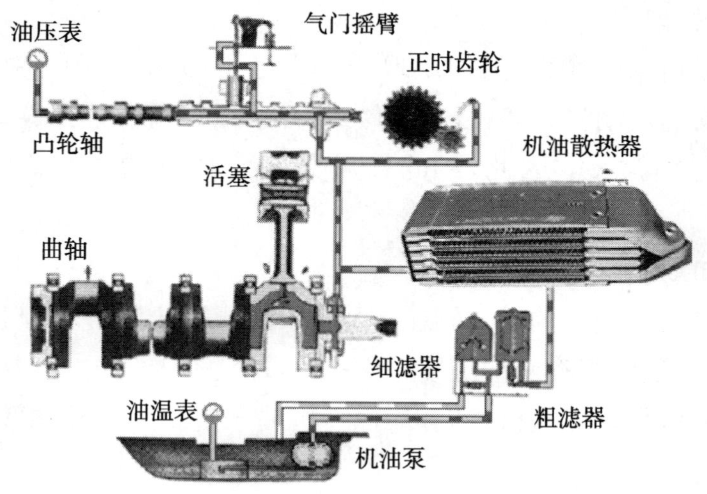

图 2-7-16 机油散热器

5. 机油压力表

机油压力表用以指示发动机工作时润滑系统中机油压力的大小，一般采用电热式机油压力表，它由油压表和传感器组成，中间用导线连接，如图 2-7-17 所示。

图 2-7-17 机油压力表

五 润滑系统常见故障

发动机是在高温、高压、高速和化学腐蚀的情况下工作，久而久之，机油的压力、品质和数量都会产生不利的变化，这就是出现了故障。为了确保发动机正常工作，延长使用寿命，必须准确诊断故障所在，及时予以排除。

润滑系统的常见故障有机油压力过高、机油消耗异常、机油变质、机油压力过低等。

第八章 发动机排放控制系统的结构与检修

第一节 排放控制系统概述

一 汽车排污来源

汽车排污来源主要有以下三个方面：

（1）排气管排出的废气（CO、HC、NO_x 和颗粒等）。

（2）曲轴箱窜气（以 HC 为主）。

（3）汽油蒸气的挥发（以 HC 为主）。

CO 是碳在氧化反应过程中，因氧气不足而生成的产物。

HC 是燃料没有燃烧或不完全燃烧的产物，也有一些是高温下分解的产物。

NO_x 主要是燃烧过程中因在汽缸中产生过高的温度和压力等原因所产生的。柴油机压缩比高，因而 NO_x 是主要有害排放物。

二 控制汽车污染的主要方法

按其工作原理基本上可以分成三大类：

第一类通过改善混合气的质量，使燃烧产生的有害成分降低。这一类排放控制也被称为“机内”净化。

第二类是对排出的废气进行处理，使有害气体转化成为无害的水、二氧化碳、氮气等气体。这一类也被称为“机外”净化。

第三类是对碳氢化合物的蒸发源进行控制，以减少汽车碳氢化合物的排放。

二 排气净化的主要措施

现代汽油车排放控制较为成熟而且应用广泛的技术主要有以下几个方面：

(1)燃油蒸发污染物控制技术(EVAP)，是一种对油箱和供油系统排出汽油蒸气污染物进行控制的技术，可控制汽油车20%左右的碳氢化合物(HC)排放。

(2)闭式曲轴箱强制通风技术(PCV)，是一种控制发动机曲轴箱窜气造成环境污染的技术。该技术国内若干年前就已普遍使用，可控制汽油车20%左右的碳氢化合物(HC)排放。

(3)废气再循环技术(EGR)，是一种将发动机排气引入到进气中，通过降低发动机汽缸内氧气的相对含量和最高燃烧温度，来减少氮氧化物(NO_x)生成量的技术。

(4)三元催化转换技术(TWC)，这是一种利用氧化和还原反应，将汽车废气中的一氧化碳(CO)、碳氢化合物(HC)、氮氧化物(NO_x)同时转化成无害的二氧化碳(CO_2)、氮气(N_2)、水(H_2O)的技术。

(5)二次空气喷射技术，就是在一定工况下，将新鲜空气送入排气管，促使废气中的一氧化碳和碳氢化合物进一步氧化，从而降低一氧化碳和碳氢化合物的排放量，同时加快三元催化转换器的升温。

(6)发动机结构优化技术，如采用多气阀进气机构、组织进气气流、对燃烧室加以改进等。通过改善发动机燃烧状况，提高燃烧效率，降低发动机一氧化碳(CO)、碳氢化合物(HC)的生成量。

(7)闭环电控发动机管理技术，包括电控燃油喷射和电控点火。这是一种精确控制发动机供油过程和点火过程的技术，并能根据反馈控制使发动机始终工作在最佳状态。

第二节 三元催化转换器(TWC)的结构与检修

一 三元催化转换器(TWC)的功用

三元催化转换器一般安装在排气管中部,其功用是利用转换器中的三元催化剂,将发动机排出废气中的有害气体转变为无害气体。

二 三元催化转换器(TWC)的结构

三元催化转换器一般为整体不可拆卸式。丰田雷克萨斯 LS400 轿车三元催化转换器如图 2-8-1 所示,该车型装 V 型发动机,左右排气管上各装一个 TWC。

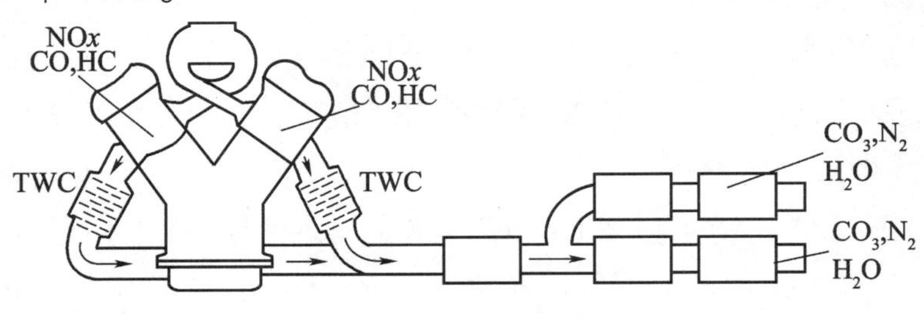

图 2-8-1 三元催化转换器

三 三元催化转换器(TWC)的检查

1. 冷热怠速对比法

先检测冷车怠速时的废气浓度,待预热后,再检测热车怠速时的废气浓度。将两次浓度对比,若热车时浓度明显下降,说明三元催化转换器工作正常;若两次浓度基本相同,则说明三元催化转换器已失效。

2. 经验判断法

对于使用时间较长的三元催化转换器,可采用"听、看"的经验判断法进行故障诊断。用橡胶槌轻轻敲击三元催化转换器外壳,若听到

“哗啦”掉东西的声响，说明其内部催化剂物质剥落或陶瓷蜂窝状载体破碎。

四 氧传感器

氧传感器可分为氧化锆（ZrO_2）式和氧化钛（TiO_2）式两种类型。

1. 氧化锆氧传感器

氧化锆氧传感器的构造及其输出特性如图 2-8-2 所示，该传感器的基本元件是氧化锆管，氧化锆管固定在带有安装螺纹的固定套内，在氧化锆管的内、外表面均覆盖一薄层铂作为电极，传感器内侧能通大气，外侧直接与排气管中的废气接触。

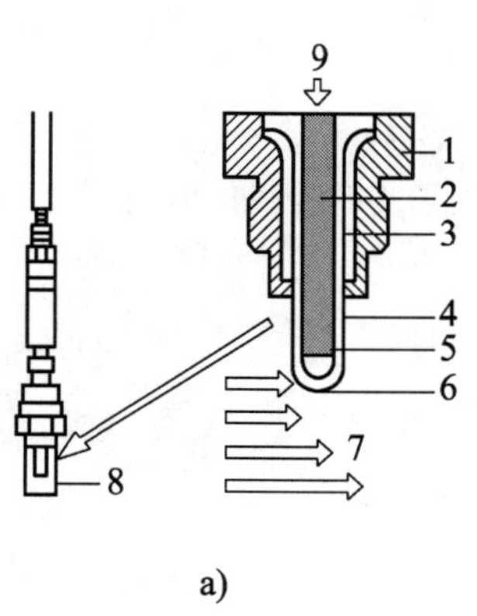

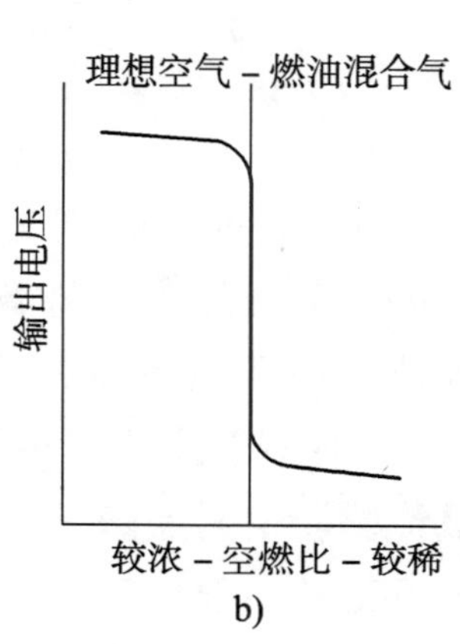

图 2-8-2 氧化锆氧传感器的构造及其输出特性

a）结构；b）工作特性

1-凸缘；2-铂电极（内）；3-氧化锆管；4-铂电极（外）；5-加热器；6-涂层；7-废气；8-套管；9-大气

2. 氧化钛氧传感器

此种氧传感器是利用化学反应强、对氧气敏感、易于还原的半导体材料氧化钛与氧气接触时发生氧化还原反应，使晶格结构发生变化，从而导致电阻值变化的原理工作的，它是一种电阻型气敏传感器。由于测量的氧浓度准确，利于微机准确控制，目前多用于高档车上，是以后的发展方向，如图 2-8-3 所示。

五 三元催化转换器(TWC)及氧传感器的检修

1. 使用注意事项

装有氧传感器和三元催化转换器的汽车，禁止使用含铅汽油，防止催化剂“铅中毒”而失效；三元催化转换器固定不牢或汽车在不平路面上行驶时的颠簸，容易导致转换器中的催化剂载体损坏；装有蜂巢型转换器的汽车，一般行驶 80000km 应更换转换器芯体。

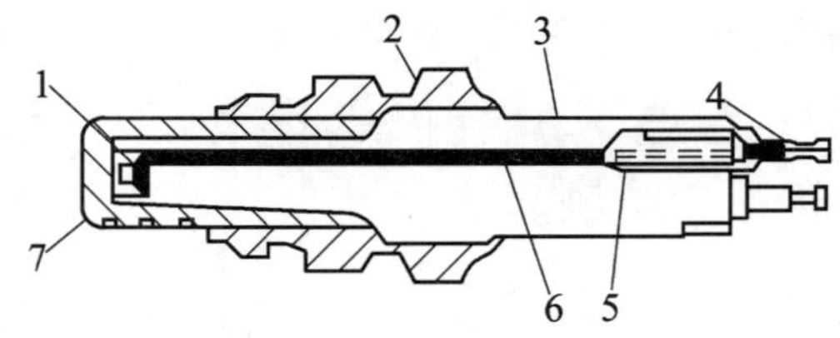

图 2-8-3　氧化钛氧传感器

1-二氧化钛元件；2-金属外壳；3-陶瓷绝缘体；4-接线端子；5-陶瓷元件；6-导线；7-金属外壳

2. 加热型氧传感器加热器的检查

对加热型氧传感器，测量其加热线圈电阻，如轿车氧传感器加热线圈，在 20℃时阻值应为 5.1 ~6.3Ω。若不符合规定，应更换氧传感器。

3. 氧传感器信号检查

连接好氧传感器线束插接器，使发动机以较高转速运转，直到氧传感器工作温度达到 400℃以上时再维持怠速运转。然后反复踩加速踏板，并测量氧传感器输出信号电压，加速时应输出高电压信号(0.75 ~0.90V)，减速时应输出低电压信号(0.1 ~0.4V)。若不符合上述要求，应更换氧传感器。

第三节　废气再循环(EGR)系统

一 EGR 系统的功用

NO_x是空气中的氮气与氧气在高温、高压条件下形成的。发动机排

出的 NO_x 量主要与汽缸内的最高温度有关，汽缸内最高温度越高，排出的 NO_x 量越多。

EGR 控制系统的功用是将适量的废气重新引入汽缸参加燃烧，从而降低汽缸内的最高温度，以减少 NO_x 的排放量。

二 EGR 阀的结构及工作原理

EGR 系统再循环的废气量由 EGR 阀自动控制。由真空控制的 EGR 阀有传统式及排气背压传送式两种。EGR 阀的一端连接排气门，另一端通进气歧管。当 EGR 阀开启时，部分废气将从排气门经 EGR 阀通道进入进气歧管。

正背压 EGR 阀的结构及工作原理如图 2-8-4 所示。在膜片的上方设有通气阀（排气背压传送阀），在膜片上加工有通气孔，当通气阀开启时，膜片室与大气连通。在通气阀下面装有通气阀弹簧，通气阀保持常开。

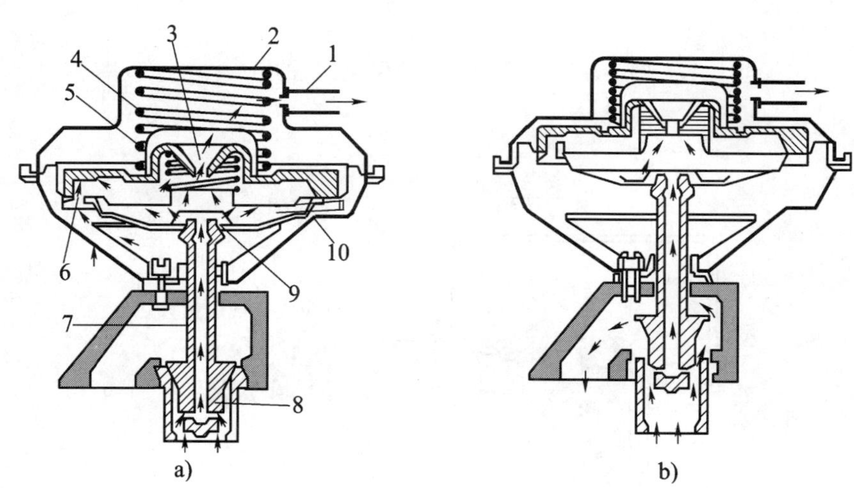

图 2-8-4　正背压 EGR 阀

1-真空传送管；2-膜片室；3-通气阀；4-膜片弹簧；5-通气阀弹簧；6-通气孔；7-膜片推杆；8-锥阀；9-导流板；10-膜片

三 EGR 系统的组成及工作原理

EGR 系统一般由废气再循环阀、废气再循环调节器（真空开关）及其连接管道和软管组成。EGR 系统的结构及其工作过程如图 2-8-5 和图 2-8-6 所示。

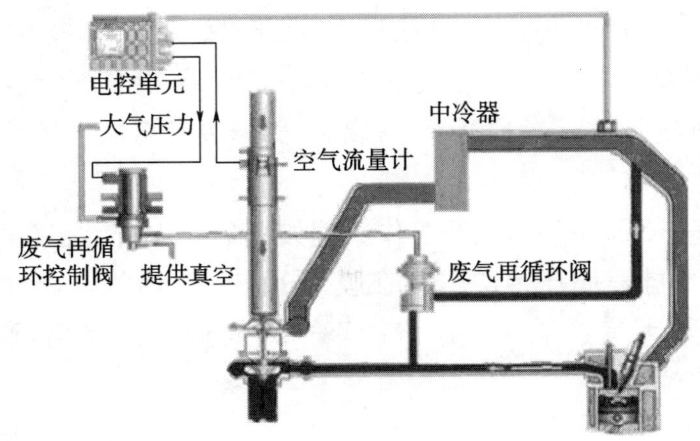

图 2-8-5 废气再循环（EGR）系统的组成

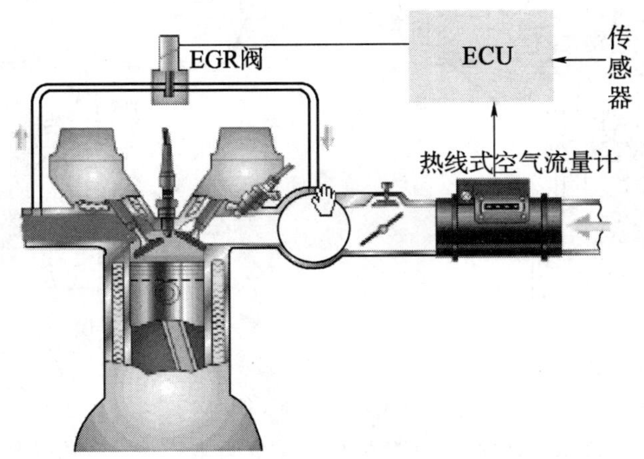

图 2-8-6 废气再循环（EGR）工作过程

四 EGR 控制系统的检修

1. 一般检查

在冷起动后，立即拆下 EGR 阀上的真空软管，发动机转速应无变化，用手触试真空管口应无真空吸力；发动机温度达到正常温度后，怠速时按上述方法检查，其结果应与冷机时相同；发动机正常工作温度下，若将转速提高到 2500r/min 左右，折弯真空软管后并从 EGR 阀上拆下软管，发动机转速应有明显提高（因中断废气再循环）。若不符合上述要求，说明 EGR 系统工作不正常，应查明故障原因，予以排除。

2. EGR 电磁阀的检查

在冷态下测量电磁阀电阻，一般应为33 ~39Ω；电磁阀不通电时，如图 2-8-7 所示，从通进气管侧接头吹入空气应畅通，从通大气的滤网处吹入空气应不通。当给电磁阀接通蓄电池电源电压时，吹气通畅情况应与上述相反。若不符合上述要求，应更换电磁阀。

3. EGR 阀的检查

如图 2-8-8 所示，用手动真空泵给 EGR 阀膜片上方施加 15kPa 真空度时，EGR 阀应能开启；不施加真空度时，EGR 阀应能完全关闭。若不符合上述要求，应更换 EGR 阀。

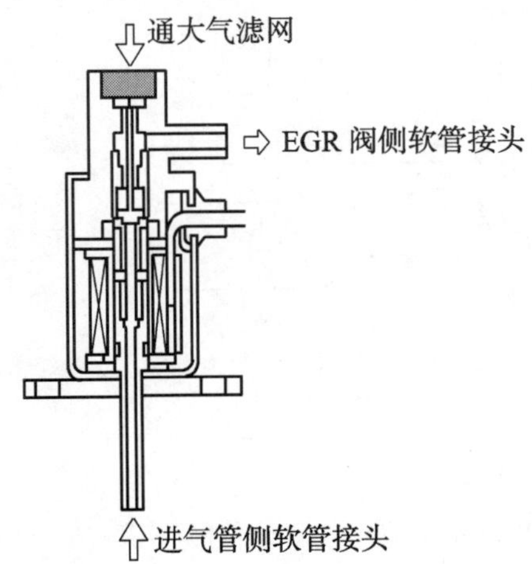

图 2-8-7　EGR 电磁阀的检查

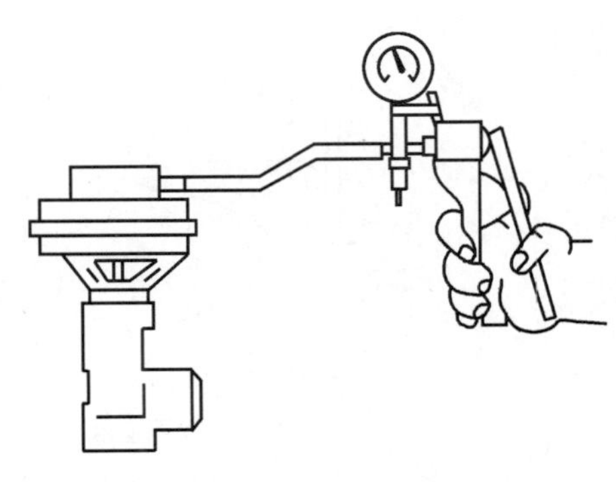

图 2-8-8　EGR 阀的检查

第四节 汽油蒸发(EVAP)控制系统

一 EVAP 控制系统的功用

EVAP 控制系统的功用是收集汽油箱内蒸发的汽油蒸气，并将汽油蒸气导入汽缸参加燃烧，从而防止汽油蒸气直接排入大气而造成污染。同时，还必须根据发动机工况，控制导入汽缸参加燃烧的汽油蒸气量。

二 EVAP 控制系统的组成与工作原理

EVAP 控制系统是防止汽油箱内的汽油蒸气排入大气产生污染而设的，在装有 EVAP 控制系统的汽车上，汽油箱盖上只有空气阀，而不设蒸气放出阀。

EVAP 控制系统组成如图 2-8-9 所示，主要由活性炭罐电磁阀、活性炭罐、蒸气管路、真空管路等组成。

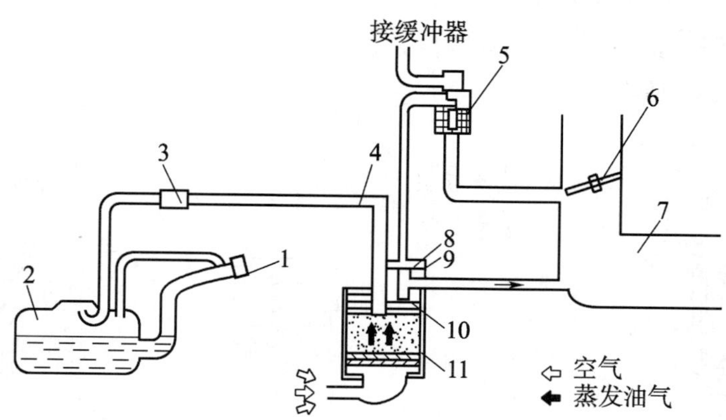

图 2-8-9 EVAP 控制系统

1-油箱盖；2-油箱；3-止回阀；4-排气管；5-活性炭罐电磁阀；6-节气门；7-进气门；8-真空阀；9-真空控制阀；10-定量排放孔；11-活性炭罐

三 EVAP 控制系统的一般检修

1. 一般维护

在使用中，应经常检查各连接管路有无破损或漏气，必要时更换连接软管；检查活性炭罐壳体有无裂纹、底部进气滤芯是否脏污，必要时更换活性炭罐或滤芯；一般每行驶 2 万 km，应更换活性炭罐底部的进气滤芯。

2. 真空控制阀的检查

从活性炭罐上拆下真空控制阀，用手动真空泵由真空管接头给真空控制阀施加约 5kPa 真空度时，从活性炭罐孔吹入空气应畅通；不施加真空度时，吹入空气不通。若不符合上述要求，应更换真空控制阀。

3. 电磁阀的检查

发动机不工作时，拆开电磁阀进气管一侧的软管，用手动真空泵由软管接头给电磁阀施加一定真空度，电磁阀不通电时应保持真空度，若给电磁阀接通蓄电池电压，真空度应释放；拆开电磁阀线束插接器，测量电磁阀两端子间电阻应为 36 ~44Ω（车型不同，电阻也是不同的）。若不符合上述要求，应更换控制电磁阀。

第五节　二次空气供给系统

一 二次空气供给系统的功用

二次空气供给系统的功用是：在一定工况下，将新鲜空气送入排气管，促使废气中的一氧化碳和碳氢化合物进一步氧化，从而降低一氧化碳和碳氢化合物的排放量，同时加快三元催化转换器的升温。

二 二次空气供给系统的组成及工作原理

电控二次空气供给系统的结构如图 2-8-10 所示。点火开关接通后,蓄电池即向二次空气电磁阀供电,ECU 控制电磁阀搭铁回路。电磁阀不通电时,关闭通向膜片阀真空室的真空通道,膜片阀弹簧推动膜片下移,关闭二次空气供给通道,不允许向排气管内提供二次空气。ECU 给电磁阀通电,电磁阀开启膜片阀真空室的真空通道,进气管真空度将膜片阀吸起,排气管内的脉动真空即可吸开舌簧阀,使二次空气进入排气管。

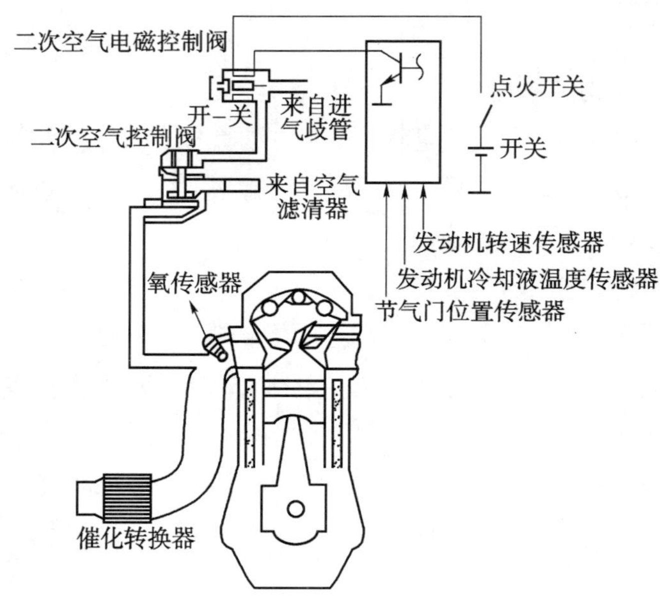

图 2-8-10　二次空气供给系统组成(韩国现代轿车)

在下列情况下 ECU 不给二次电磁阀通电。

(1) 电控燃油喷射系统进入闭环控制。

(2) 冷却液温度超过规定范围。

(3) 发动机转速和负荷超过规定值。

(4) ECU 发现有故障。

二　二次空气供给系统的检修

(1) 发动机低温起动后,拆下空气滤清器盖,应能听到舌簧阀发出的“嗡、嗡”声。

(2)从空气滤清器上拆下二次空气供给软管,用手指盖住软管口检查,应满足下列要求:发动机温度在 18 ~63℃范围内急速动转时,有真空吸力;发动机在 63℃以上,起动 70s 内应有真空吸力,起动 70s 后应无真空吸力;发动机转速从 4000r/min 急减速时,应有真空吸力。

(3)拆下二次空气控制阀,从空气滤清器侧软管接头吹入空气应不漏气;用手动真空泵从真空管接头施加 20kPa 真空度,从空气滤清器侧软管接头吹入空气应通畅;若不符合上述要求,说明膜片阀工作不良,应检修或更换。用手动真空泵从真空管接头施加 20kPa 真空度,从排气管接头吹入空气应不漏气,否则说明舌簧阀密封不良,应更换。

(4)二次空气电磁阀的检查。测量电磁阀电阻,一般应为 36 ~41Ω;拆开二次空气电磁阀上的软管,电磁阀不通电时,从进气管侧软管接头吹入空气应不通。从通大气的滤网外吹入空气应畅通。当给电磁阀接通蓄电池电源电压时,吹气通畅情况就与上述相反。若不符合要求,应更换电磁阀。

第九章　混合动力系统的结构与检修

第一节　混合动力系统的概念和类型

一　混合动力汽车的概念

混合动力汽车(Hybrid Electrical Vehicle,HEV)是指同时装备两种动力来源——热动力源(由传统的汽油机或者柴油机产生)与电动力源(电池与电动机)的汽车。通过在混合动力汽车上使用电动机,使得动力系统可以按照整车的实际运行工况要求灵活调控,而发动机保持在综合性能最佳的区域内工作,从而降低油耗与排放。

二　混合动力汽车的类型

根据混合动力驱动的连接方式,混合动力系统主要分为以下三类:

一是串联式混合动力系统,如图 2-9-1 所示。串联式混合动力系统一般由发动机直接带动发电机发电,产生的电能通过控制单元传到电池,再由电池传输给电动机转化为动能,最后通过变速机构来驱动汽车。

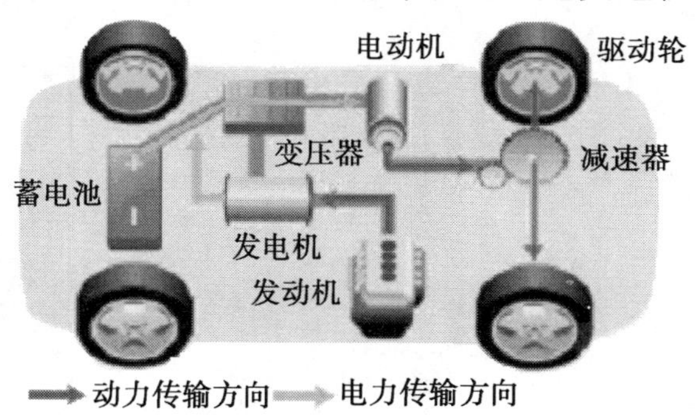

图 2-9-1　串联式混合动力系统

二是并联式混合动力系统，如图 2-9-2 所示。并联式混合动力系统有两套驱动系统：传统的发动机系统和电动机驱动系统。两个系统既可以同时协调工作，也可以各自单独工作驱动汽车。这种系统适用于多种不同的行驶工况，尤其适用于复杂的路况。

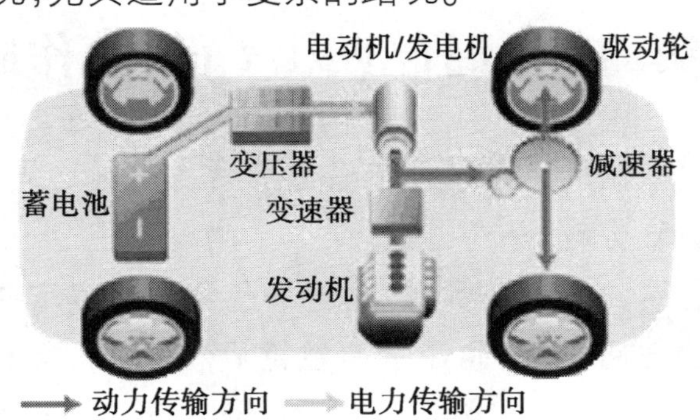

图 2-9-2　并联式混合动力系统

并联式混合动力汽车，发动机与电动机在不同路面上既可共同驱动，又可单独驱动。

虽然并联式混合动力汽车（PHEV）有不同的结构模型，但都是以发动机为主要驱动模式。

三是混联式混合动力系统，如图 2-9-3 所示。混联式混合动力系统的特点在于发动机系统和电动机驱动系统各有一套机械变速机构，两套机构或通过齿轮系统或采用行星轮式机构结合在一起，从而综合调节发动机与电动机之间的转速关系。

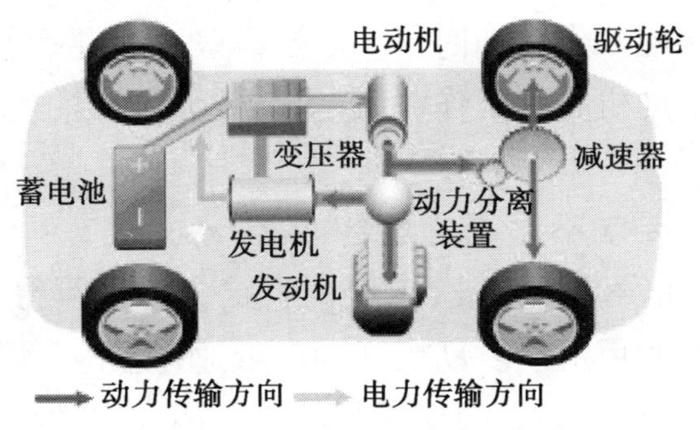

图 2-9-3　混联式混合动力系统

混联式混合动力汽车(PSHEV)电动机和发电机必须装在发动机输出轴上,才能起发动机飞轮和起动机的作用,也才能保持发动机稳定运转并进行发电。

第二节　混合动力汽车的工作原理

混合动力汽车的动力系统主要由控制系统、驱动系统、辅助动力系统和电池组等部分构成。

以串联混合动力汽车为例,介绍一下混合动力汽车的工作原理。

在车辆行驶之初,蓄电池处于电量饱满状态,其能量输出可以满足车辆要求,辅助动力系统不需要工作。电池电量低于60%时,辅助动力系统起动:当车辆能量需求较大时,辅助动力系统与蓄电池组同时为驱动系统提供能量;当车辆能量需求较小时,辅助动力系统为驱动系统提供能量的同时,还给蓄电池组进行充电。由于蓄电池组的存在,使发动机工作在一个相对稳定的工况,使其排放得到改善。

混合动力汽车采用能够满足汽车巡航需要的较小发动机,依靠电动机或其他辅助装置提供加速与爬坡所需的附加动力。其结果是提高了总体效率,同时并未牺牲性能。混合动力汽车设计成可回收制动能量。在传统汽车中,当驾驶人踩制动踏板时,这种本可用来给汽车加速的能量作为热量被白白扔掉了。而混合动力汽车却能大部分回收这些能量,并将其暂时储存起来供加速时再用。当驾驶人想要有最大的加速度时,汽油发动机和电动机并联工作,提供可与强大的汽油发动机相当的起步性能。

在对加速性要求不太高的场合,混合动力汽车可以单靠电动机行驶,或者单靠汽油发动机行驶,或者两者结合以取得最大的效率。比如在公路上巡航时使用汽油发动机。而在低速行驶时,可以单靠电动机拖动,不用汽油发动机辅助。即使在发动机关闭时电动机转向助力系统仍可保持操纵功能,提供比传统液压系统更大的效率。

第十章　发动机防盗系统的基本知识

一　发动机防盗系统的基本类型

发动机防盗系统通过电子应答来判断用户使用的钥匙是否合法，并以此确定是否允许发动机 ECU 工作。若钥匙密码信息不符，发动机 ECU 便无法工作，立即切断起动机电路、点火电路、喷油电路、供油电路、自动变速器电路，使盗贼不能起动发动机，该防盗系统是目前使用最多也是世界上高级轿车普遍采用的发动机防盗技术。

二　发动机防盗系统的分类

发动机防盗系统按照阻止起动的方式可以分成两种，一种是通过继电器切断起动机、点火系统、汽油泵、自动变速器（使其电磁阀无法打开）等电路；另一种是使发动机 ECU 处于非法状态。其中后者在起动车辆时，防盗 ECU 首先对有无授权进行检查，当判定为无授权行为时，将通过发动机 ECU 使发动机不能起动。

可以有三种方式将密码输入防盗 ECU，通过验证输入密码是否正确时有无授权进行判定。

（1）通过专用键盘或其他控制键盘（加收放机或空调）将授权密码输入防盗 ECU。

（2）通过钥匙卡将密码输入车内的接收器或解码装置。

（3）通过点火开关内置的转发器接收密码信号。

国产和进口的大众奥迪轿车发动机防盗系统已经经历了四代防盗系统。

三 发动机防盗系统的基本结构及控制功能

1. 发动机防盗系统的基本结构

发动机防盗系统主要由发射器钥匙(点火钥匙)、发射器钥匙线圈、发射器钥匙放大器、发射器钥匙 ECU、发动机 ECU 等组成。

2. 发动机防盗系统的控制功能

发动机防盗系统的主要功能包括取消防盗功能、新钥匙码登记功能、额外发射器钥匙码登记功能和删除发射器钥匙码功能。

四 发动机防盗系统的工作原理

发动机防盗系统由发射器芯片内的发射器系统控制,该系统放置在点火钥匙内。套在锁芯内的线圈接收到发射器芯片发射的 ID 码信号时,发射器钥匙 ECU 通过判断这个 ID 码与其内储存的原始数据是否一致,来实现发动机能否运转的自动控制,如图 2-10-1 所示。

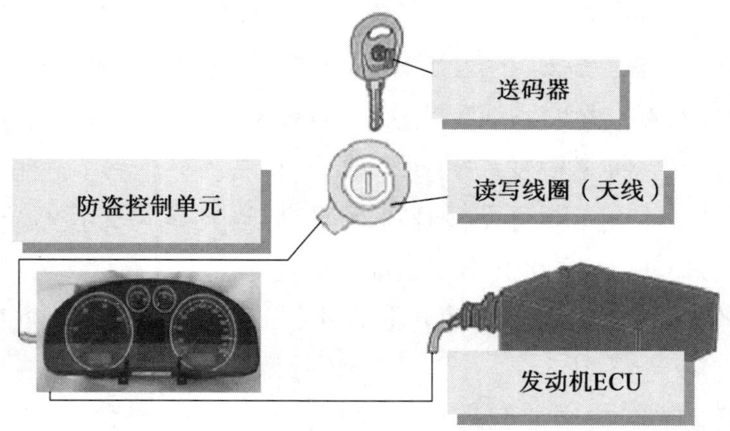

图 2-10-1　发动机防盗系统的控制原理

五 发动机防盗系统的设置及解除

1. 发动机防盗系统的设置

当点火钥匙从锁芯拔下时,发动机防盗系统将被自动设定。

2. 发动机防盗系统的解除

发动机防盗系统的解除包括钥匙码的发射、接收过程、滚动码的发送以及发射器钥匙 ECU 对滚动码的接收判断与发送四个步骤。

六 当代轿车发动机防盗系统的基本应用

当使用合法钥匙接通点火开关后，如果系统正常，防盗指示灯亮 3s 后便熄灭。

大众奥迪轿车第三代发动机防盗系统在匹配的过程中，每把钥匙的匹配时间不可超过 30s，否则防盗指示灯以 2Hz 的频率闪亮，必须重新彻底进行匹配(包括登录与匹配)。

大众奥迪轿车第三代发动机防盗系统防盗 ECU 与组合仪表为一体，若该 ECU 损坏，必须更换组合仪表。

大众奥迪轿车第三代发动机防盗系统，如果防盗系统锁死，只能等到锁死时间结束才能进行匹配。按地址码 17—功能 08—测量数据块 024 方式可以查看锁死时间。

在第三代防盗系统中，从钥匙插入点火开关到起动发动机，防盗系统经过固定码、钥匙与防盗 ECU 之间可变码、防盗 ECU 与发动机 ECU 之间可变码的传输步骤。

第三篇

车辆底盘的结构与检修

第一章 传动系统的结构与检修

汽车传动系统的作用是将发动机的动力按需要传给驱动轮。按结构和传动介质不同,传动系统可分为机械式、液力机械式、静液式和电力式等,目前,汽车上常用的是机械和液力机械式。

传动系统布置形式,按照发动机安装位置及汽车的驱动形式不同,车辆传动系统的布置形式一般包括发动机前置后轮驱动(FR)、发动机前置前轮驱动(FF)、发动机后置后轮驱动(RR)、发动机中置后轮驱动和全轮驱动等形式。传动系统的组成与传动系统的类型及布置形式有关。一般主要由离合器、变速器、万向节和传动轴组成的万向传动装置、主减速器、差速器和半轴等组成。对于四轮驱动的汽车还装有分动器等。

第一节 离合器的结构与检修

离合器位于发动机和变速器之间的飞轮壳内,用螺钉将离合器总成固定在飞轮的后平面上,离合器的输出轴就是变速器的输入轴。在汽车行驶过程中,驾驶人可根据需要踩下或松开离合器踏板,使发动机与变速器暂时分离和逐渐接合,以切断或传递发动机向变速器输入的动力。

离合器具有以下功能:传递转矩、保证汽车平稳起步、便于换挡、防止传动系统过载和减振。大多数离合器还装有扭转减振器,能衰减发动机和传动系统的扭转振动。目前汽车上普遍采用了周布螺旋弹簧离合器和膜片弹簧离合器。

一　摩擦式离合器结构

摩擦式离合器主要由主动部分、从动部分、压紧部分、分离机构、操纵机构等组成，如图 3-1-1 所示。

二　摩擦式离合器工作原理

分离时，踩下离合器踏板，分离叉推动分离轴承、带动分离杠杆内端左移，分离杠杆外端则右移，同时带动压盘右移，使飞轮与从动盘分离，动力中断。

接合时，抬起离合器踏板，在弹簧弹力作用下，分离轴承逐渐复位，压盘在压紧弹簧作用下左移，将从动盘压紧在飞轮上。如图 3-1-2 所示。

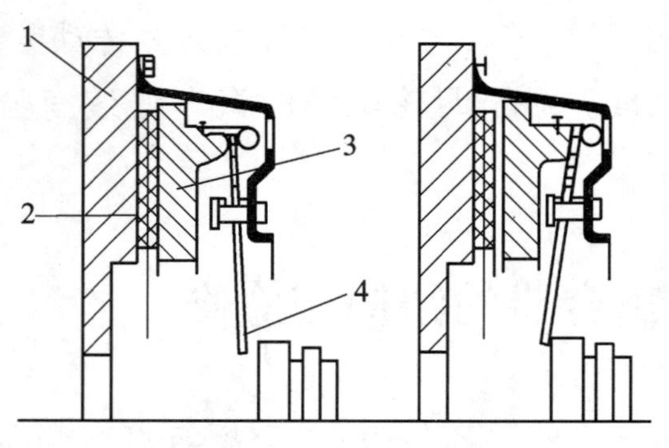

图 3-1-1　摩擦式离合器结构

1-主动部分;2-从动部分;3-压紧部分;4-分离机构

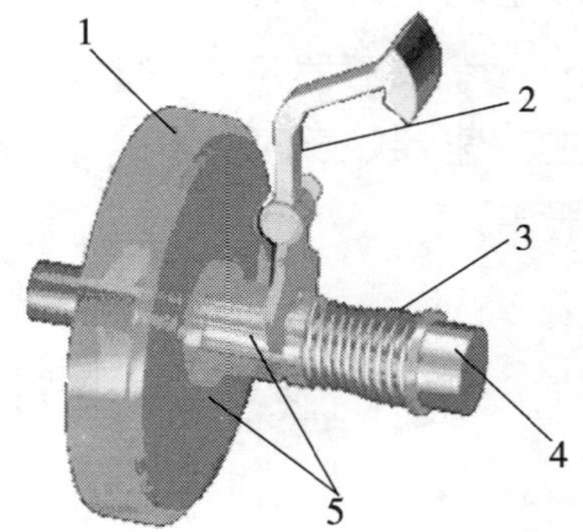

图 3-1-2　离合器工作图

1-主动部分;2-操纵机构;3-压紧机构;4-从动轴;5-从动部分

三　离合器踏板自由行程

离合器长期使用后，从动盘变薄，压盘就会向飞轮方向移动一个距离，为保证离合器接合，分离杠杆内端也要向右移动。因此，安装时(即接合时)，分离杠杆内端和分离轴承之间应留有一间隙，踩下离合器踏板时应先消除这一间隙才能分离离合器，而消除这一间隙的离合器踏板行程就称为离合器踏板自由行程。

四 离合器踏板有效行程

用以使分离轴承推动分离杠杆，带动压盘后移，使从动盘与飞轮分离的踏板行程称为离合器踏板有效行程。离合器踏板总行程 = 自由行程 + 有效行程。

五 摩擦离合器的类型

1. 周布弹簧离合器（单片、多片）

周布弹簧离合器由主动部分（飞轮、离合器盖、压盘）、从动部分（从动盘）、压紧机构（压紧弹簧、压盘）、分离机构（分离叉、分离杠杆、分离轴承）等组成，如图 3-1-3 所示。

图 3-1-3　周布弹簧离合器

2. 膜片弹簧离合器

膜片弹簧离合器主要由膜片弹簧、压盘、从动盘、分离轴承、分离叉等构成。

工作过程：用弹簧钢板制成的带有锥度的膜片弹簧作为压紧弹簧，膜片弹簧兼起分离杠杆和压紧弹簧的作用，如图 3-1-4 所示。

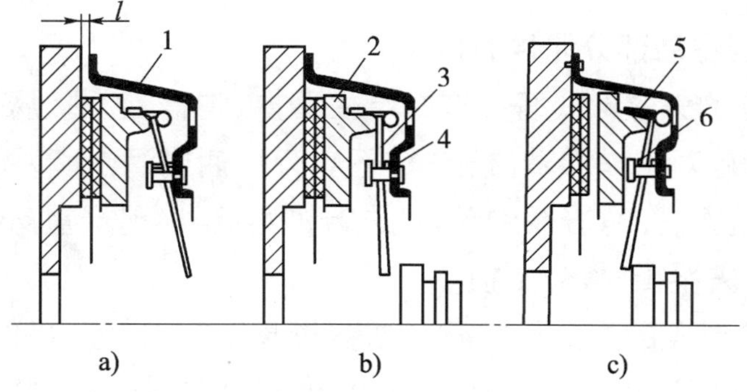

图 3-1-4　膜片弹簧离合器工作过程

a）安装前位置；b）接合位置；c）分离位置

1-离合器盖；2-压盘；3-膜片弹簧；4、6-支撑圈；5-分离钩

六 离合器操纵机构

作用:驾驶人借以使离合器分离,而后又使之柔和接合的一套机构。

组成:包括离合器踏板到离合器壳内的分离轴承及中间的传动部件。

分类:机械式操纵机构(又分有绳索式传动和杆式传动)(图3-1-5)、液压式操纵机构(图3-1-6)。

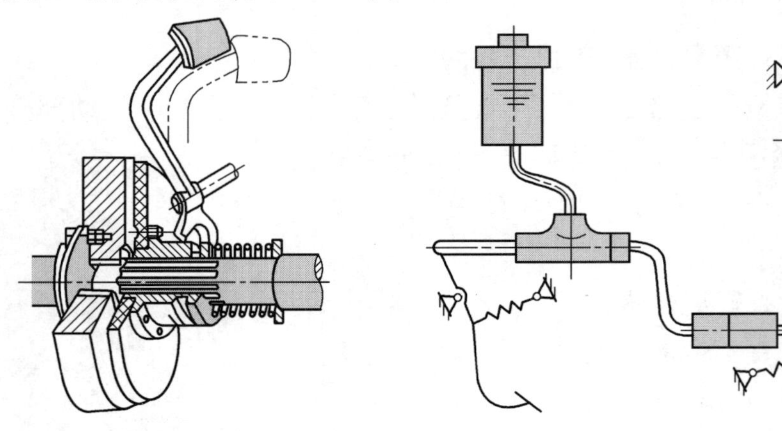

图3-1-5 机械式操纵机构　　图3-1-6 液压式操纵机构

七 离合器的检修

1. 离合器主动部分元件的检修

(1)飞轮的失效形式有工作面产生磨损、沟槽、翘曲、烧蚀甚至裂纹等。检修时,应对工作面清洗干净,不应有机油或润滑脂,否则,将产生离合器打滑现象;如有轻微沟槽,可进行打磨;当出现严重磨损、沟槽、烧伤、破裂或失去平衡时,应更换。

(2)离合器盖的失效形式有翘曲变形甚至裂纹等。检修时,离合器盖接合面平面度误差应小于0.50mm,否则,应更换;目测离合器盖,若发现有裂纹,轻微的可进行焊补,严重时须更换。

(3)压盘的失效形式有工作面产生磨损、沟槽、翘曲、烧蚀甚至裂纹等。检修时,压盘表面平面度误差不得超过0.12mm,否则,应更换。

2. 从动盘的检修

从动盘是离合器的主要易损部件,其常见失效形式有摩擦片磨损、烧蚀、开裂、铆钉松动或外露;从动盘本体翘曲、开裂、铆钉松动;从动盘毂花键磨损;扭转减振器弹簧过软或折断等。检修时,首先应将从动盘清洁干净,如表面有轻微油污,可用喷灯火焰烧去,或用汽油清洗。

3. 压紧装置的检修

膜片弹簧磨损的测量:用游标卡尺测量膜片弹簧内端(与分离轴承接触面)磨损的深度和宽度。一般来说,压紧弹簧很少损坏。

4. 操纵机构的检修

分离轴承是离合器的易损件,其失效形式有端面磨损、轴承发卡或异响。分离轴承内座圈磨损不得超过0.30mm,用手转动应灵活,无尖锐响声或卡滞现象。

第二节　变速器的基本知识

一　变速器的功用和基本组成

1. 变速器的功用

(1)改变传动比,扩大驱动轮转矩和转速的变化范围,以适应经常变化的行驶条件,如起步、加速、上坡等,使发动机在有利的工况下工作。

(2)在发动机旋转方向不变的前提下,使汽车能倒退行驶。

(3)利用空挡,中断动力传递,以便发动机能够起动、怠速,并便于变速器换挡或进行动力输出。

2. 变速器的基本组成

变速器一般由变速传动机构和变速操纵机构组成。根据需要,还可以加装动力输出器。在多轴驱动的汽车上,变速器之后还装有分动器,以便把转矩分别传送给各驱动桥。

一 变速器分类及变速传动机构

1. 变速器的分类

(1)有级式变速器:变速器挡数——前进挡的位数。采用齿轮传动,一般汽车采用3 ~5 个前进挡和一个倒挡。

(2)无级式变速器:采用液力变矩器传动,传动比可在一定的数值范围内连续变化。

(3)综合式变速器:由液力变矩器和行星齿轮式变速器组成,传动比可在几个范围内连续变化。

2. 变速器的变速传动机构

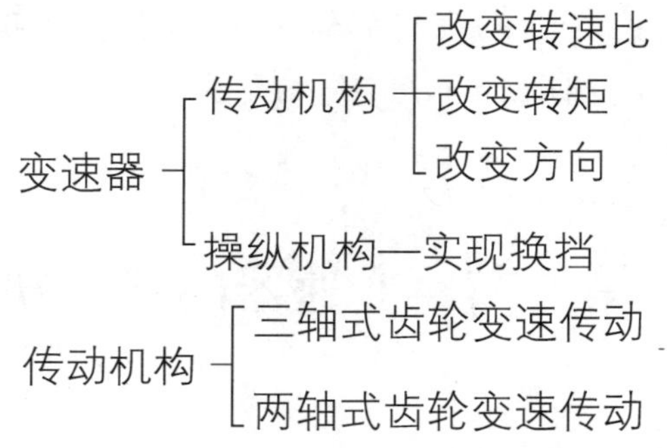

二 变速器的变速、变矩及变向

1. 变速器的变速、变矩原理

普通齿轮式变速器是利用不同齿数的齿轮啮合传动来实现转速和转矩的改变的。由齿轮传动的原理可知,一对齿数不同的齿轮啮合传动才可以变速,而且两齿轮的转速与齿轮的齿数成反比。设主动齿轮的转速为 n_1,齿数为 z_1;从动齿轮的转速为 n_2 齿数为 z_2。主动齿轮(即输入轴)的转速与从动齿轮(即输出轴)的转速之比值称为传动比。如图3-1-7 所示。

设主动齿轮的转矩为 M_1,从动齿轮的转矩为 M_2,根据齿轮传动原理,$n_1/n_2 = M_2/M_1$。

当小齿轮为主动齿轮(即 $z_1 < z_2$),带动大的从动齿轮转动时,则输出轴(从动齿轮)的转速就降低,同时传递的转矩增加,即 $n_1 > n_2$,$M_1 < M_2$,实现减速增矩传动。

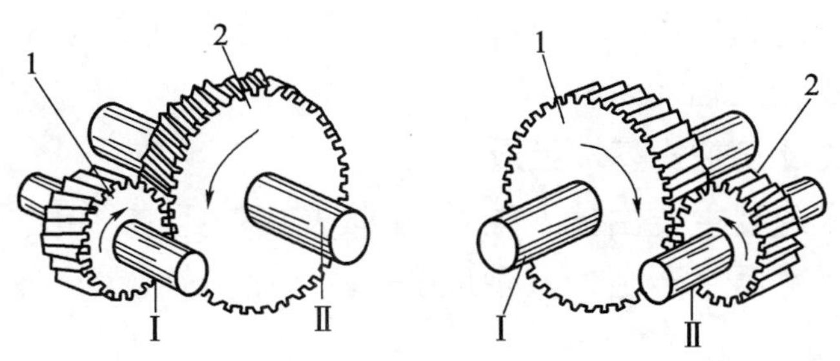

图 3-1-7 传动的基本原理

1-主动齿轮;2-从动齿轮;Ⅰ-输入轴;Ⅱ-输出轴

当以大齿轮为主动齿轮(即 $z_1 > z_2$),带动小的从动齿轮转动时,则输出轴(从动齿轮)的转速就升高,同时传递的转矩减小,即 $n_1 < n_2$,$M_1 > M_2$,实现增速减矩传动。

而当主动齿轮与从动齿轮大小相等(即 $z_1 = z_2$)时,则输出轴(从动齿轮)的转速就等于输入轴(主动齿轮)的转速,同时,传递的转矩不变,即 $n_1 = n_2$,$M_1 = M_2$,实现等速等矩传动。

一对齿轮传动只能得到一个固定的传动比,从而得到一种输出转速,并构成一个挡位。为了扩大变速器输出转速的变化范围,普通齿轮式变速器通常都采用多对大小不同的齿轮啮合传动,这样就构成了多个不同的挡位。对应不同的挡位,均有不同的传动比值,从而得到各种不同的输出转速。

2. 变速器的变向原理

相啮合的一对齿轮旋向相反,每经一传动副,其轴改变一次转向。因此,要形成与前进方向相反的倒挡,只需在啮合的齿轮之间再增加一个齿轮,从而使得输入轴和输出轴之间经过两对传动副,就能使输出轴产生反向旋转。

四　手动变速器基本知识

1. 手动变速器类型

按传动轴的数目不同(不含倒挡),汽车上使用的手动变速器一般可分为两轴式和三轴式两种。

2. 两轴式及三轴式基本组成

两轴式变速器主要由输入轴、输出轴及齿轮组成,如图 3-1-8 所示。

三轴式变速器主要由输入轴(第一轴)、输出轴(第二轴)、中间轴和齿轮等组成,如图 3-1-9 所示。

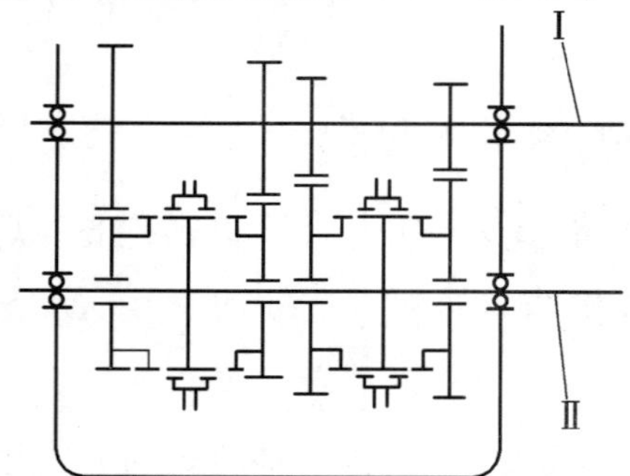

图 3-1-8　两轴式手动变速器结构示意图

Ⅰ、Ⅱ-轴

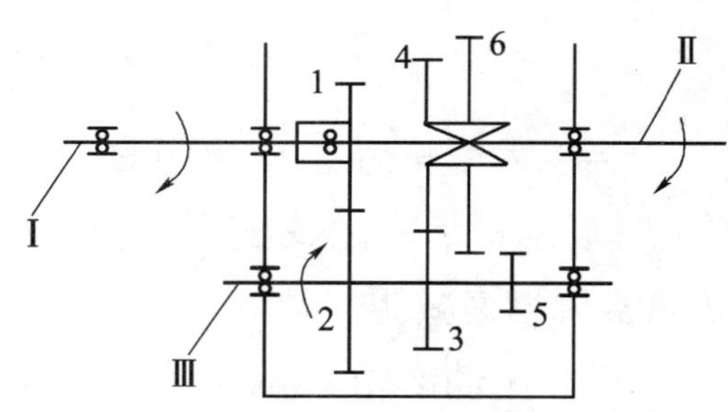

图 3-1-9　三轴式手动变速器结构示意图

Ⅰ～Ⅲ-轴;1～6-齿轮

3. 手动变速器的换挡装置

手动变速器的换挡装置有直齿滑动式、接合套式和同步器式三种。

4. 防止自动脱挡装置

变速器的变速传动机构中还采取了一些防止自动脱挡的措施。其结构有多种形式,典型的有两种,即齿端倒斜面式和减薄齿式。

五　自动变速器基本知识

1. 液力机械自动变速器的功用

(1)汽车起步更加平稳,能吸收和衰减振动与冲击,从而提高了乘坐的舒适性。

(2)能以很低的车速稳定行驶,以提高车辆在坏路面上的通过性。

(3)能自动适应行驶阻力的变化，在一定范围内进行无级变速，有利于提高汽车的动力性和平均车速。

(4)液力传动的工作介质是液体，能使传动系统承受的动载荷大为减轻，因而提高了有关部件和零件的使用寿命。

(5)明显地减少换挡操作，有利于提高汽车行驶的安全性。

(6)主要缺点是结构复杂，成本较高，低速区传动效率低。

2. 液力变矩器

液力变矩器主要零件如图3-1-10所示，它由旋转的泵轮和涡轮以及固定不动的导轮三个零件组成。各工作轮用铝合金或钢板冲压焊接而成，泵轮和液力变矩器外壳连成一体，用螺栓固定在发动机曲轴后端的凸缘上，壳体做成两半，装配后焊成一体，涡轮通过输出轴与传动系统的其他部件相连，导轮则固定在不动的套筒上，其内充满工作液，泵轮、涡轮和导轮三者之间保持一定的间隙。

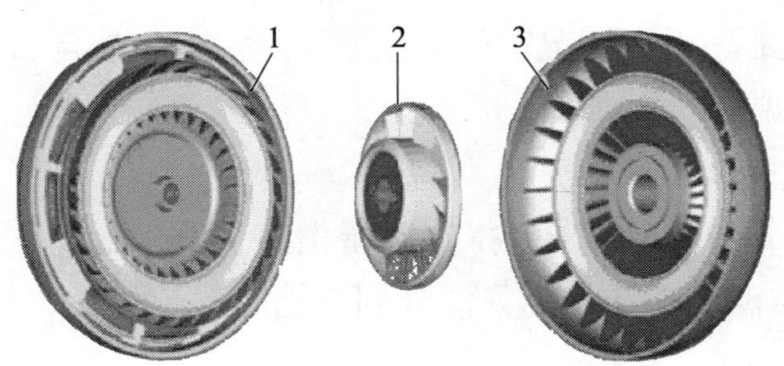

图3-1-10　液力变矩器结构图

1-涡轮；2-导轮；3-泵轮

3. 行星齿轮式变速器

行星齿轮式变速器传动的基本原理(图3-1-11)：

$$n_1 + \mu n_2 - (1 + \mu) n_3 = 0$$

式中：n_1——中心齿轮转速；

n_2——齿圈转速；

n_3——行星架转速；

μ——齿圈与中心齿轮的齿数比。

对于行星齿轮式自动变速器，要想实现不同的挡位，就必须要有换挡执行元件，如离合器、制动器、单向离合器等。

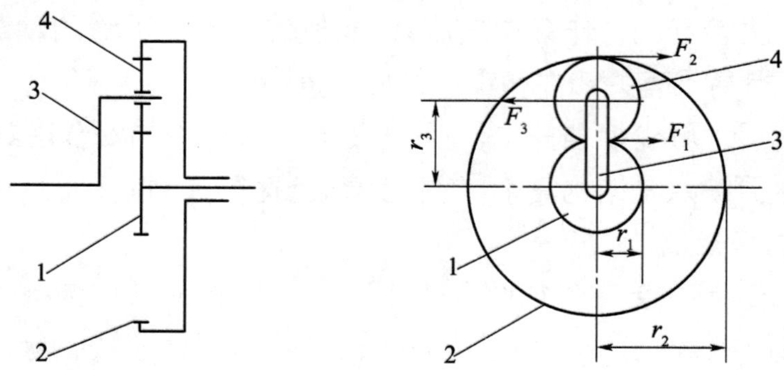

图 3-1-11 单排行星齿轮传动的基本工作原理

1-中心齿轮；2-齿圈；3-行星架；4-行星齿轮

4. 一般自动变速器各挡位的使用

1）一挡

此挡在道路恶劣的情况下（砂地、泥沼地行驶）使用，自动变速器只能在一挡上行驶。

2）二挡

此挡在附着力小的路面（冰上或湿滑路面）上加速，或下坡时提供发动机制动，自动变速器最高只能升到二挡。

3）三挡

此挡用于不宜使用 D 挡的路况（山路、爬坡以及拖带挂车等），在该挡时自动变速器会自动转换到除 D 挡外的任何一个前进挡，且可以使锁止离合器自动接合或分离。

4）D 挡（又称超速挡）

这是一般驾驶人常用的挡位，变速器在该挡时，会自动转换到任何一个前进挡，并且可以被锁止离合器自动接合或分离。

5）N 挡（空挡）

发动机可被起动，必要时可使用驻车制动。

6）R 挡（倒挡）

自动变速器倒转，且减速比较大。

7）P挡（驻车挡）

自动变速器处于空挡位，同时停车齿轮被锁在外壳上，只有在P挡时，点火开关钥匙才可拔出或插入，并可起动发动机。

5. 控制系统的组成

自动变速器控制系统由传感器、执行元件和附加信号控制单元三部分组成。

（1）传感器部分主要有：节气门电位计；变速器转速传感器；车速传感器；发动机转速传感器；变速器机油温度传感器；强制低速挡开关；多功能开关；制动灯开关。

（2）执行元件部分主要有：电磁阀；变速杆锁止电磁铁；起动锁止和倒车灯继电器。

（3）附加信号部分。

6. 自动变速器控制系统的控制原理

自动变速器利用控制单元（J217）来控制所有的电器与液压功能。它包括三种控制程序。

1）与行驶阻力有关的换挡时刻程序

控制单元可按车速、节气门位置、发动机转速、车加速的情况自动识别并计算上坡、带挂车、顶风、下坡等行驶阻力，然后确定换挡时刻。

2）与驾驶人和行驶状况有关的换挡时刻选择程序

它是以模糊逻辑控制来满足不同驾驶人的驾驶要求，解决了传统换挡生硬的问题。该程序具有两大优点：

（1）可提前一些换上高挡和稍后一些换上低挡，以减少消耗。

（2）可在较高的车速时换上高挡，同时也可在较高的车速下换入低挡，以增大功率、缩短换挡时间、迅速加速。

3）应急状态控制程序

保证如果控制单元出了故障，可操纵变速杆，控制一挡、三挡及倒挡液压功能，在这些挡位上，可通过变速杆在滑阀箱内换挡，车辆可通过液压，用三挡起步。

六 自动变速器常见故障

1. 汽车不能行驶

故障现象：无论变速杆置于倒挡、前进挡或低速挡，汽车都不能行驶；或汽车起动后能行驶一小段路程，但汽车一热，就不能行驶。

2. 自动变速器不能升挡或升挡过迟

故障现象：

（1）汽车在行驶中，自动变速器始终保持在一个挡位而不能升挡。

（2）升挡车速明显高于标准值，必须采用加速踏板提升挡的操作方法，才能使其升入高挡或超速挡。

第三节　万向传动装置

一 万向传动装置的功用和组成

在轴线相交且相对位置经常变化的转轴间传递动力的装置，称为万向传动装置。

万向传动装置广泛应用于变速器与驱动桥之间、变速器与分动器之间、驱动桥的半轴、断开式驱动桥的半轴、转向轴等。

万向传动装置一般由万向节和传动轴组成，有的还加有中间轴承，如图 3-1-12 所示。

万向传动装置可分为闭式和开式两种。

1. 十字轴刚性万向节

图 3-1-13 所示为十字轴式刚性万向节。它由万向节叉、十字轴、滚针轴承、油封和油嘴等组成。

2. 等角速万向节

在独立悬架的转向驱动桥中，由于受轴间尺寸的限制及偏转角大等原因，普通万向节已不能适应其要求，所以广泛采用了多种类型的等角速万向节，常见的等角速万向节有双联式、三销轴式、球叉式和球笼式，如图3-1-14所示。

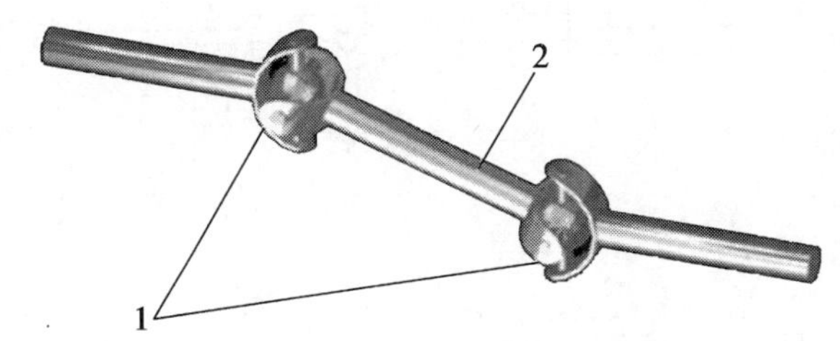

图3-1-12 万向传动装置中万向节及传动轴

1-万向节；2-传动轴

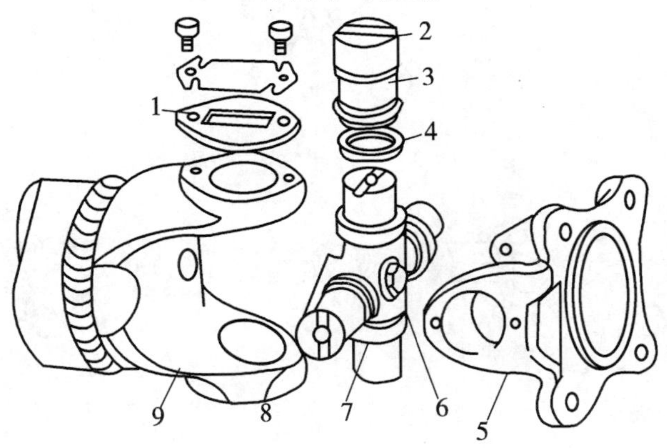

图3-1-13 十字轴式万向节

1-轴承盖；2-套筒；3-滚针；4-油封；5、9-万向节叉；6-安全阀；7-十字轴；8-油嘴

3. 传动轴和中间支撑

1）传动轴

传动轴是连接变速器（或分动器）与驱动桥的部件，其作用是将变速器（或分动器）传来的转矩传给驱动桥，传动轴有空心轴和实心轴两种，多数是做成空心轴，在传动轴的两端分别焊有带花键的轴头和万向节叉，如图3-1-15所示。

2）中间支撑

传动轴分段时，应加中间支撑，通常中间支撑安装在车架横梁上，它具有补偿传动轴轴向和角度方向变化或车架变形等所引起的位移，如图3-1-16所示。

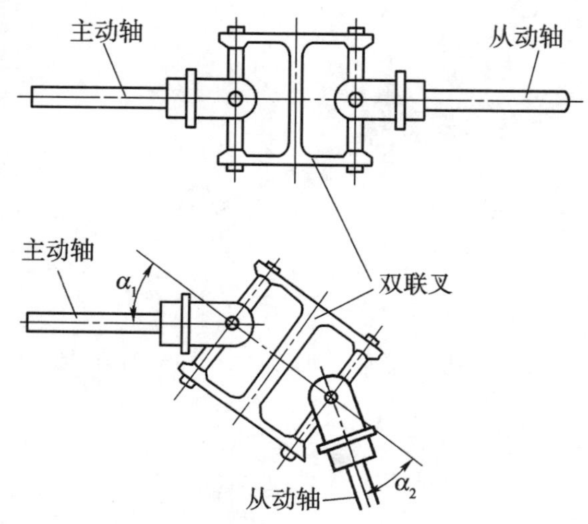

图3-1-14　双联式等角速万向节

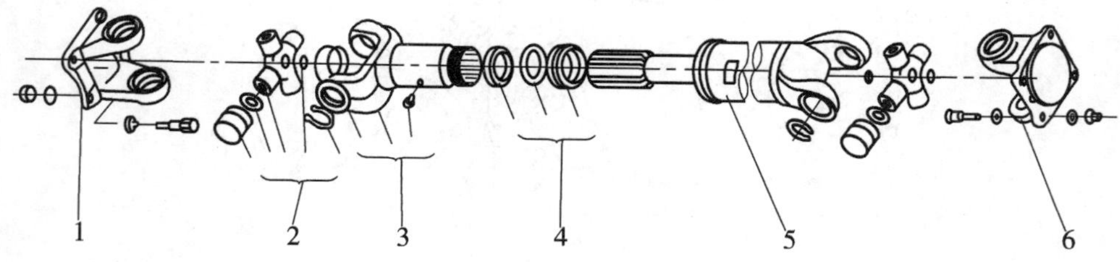

图3-1-15　分解后的传动轴及滑动叉总成

1-传动轴凸缘叉；2-十字轴及滚针轴承总成；3-传动轴滑动叉总成；4-滑动叉油封总成；5-传动轴总成；6-传动轴凸缘叉

二　十字刚性万向节使用中应注意的问题

（1）检查传动轴十字轴轴承及中间支撑有无松旷，如轴承磨损松旷应及时更换。

（2）检查各叉型凸缘螺母的紧固情况；并紧固螺栓或螺母及凸缘连

接螺栓。

(3)定期向万向传动装置的轴承加注润滑脂浸润。

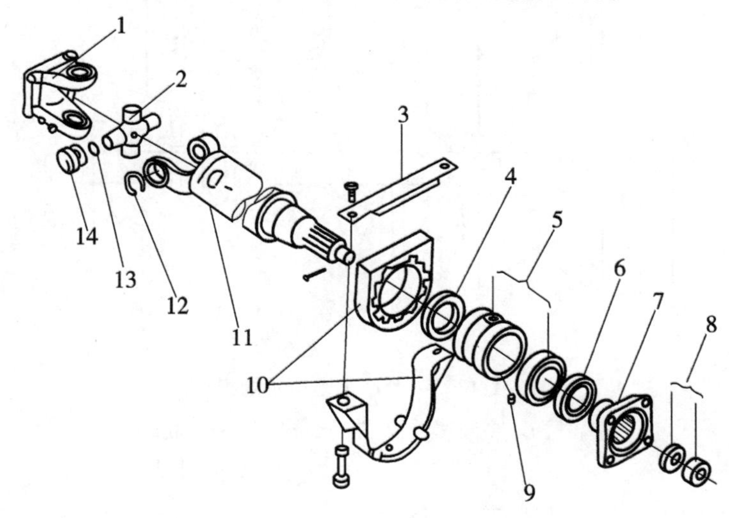

图 3-1-16 分解后的中间传动轴及支撑总成

1-传动轴凸缘叉;2-十字轴;3-中间支撑上盖板;4-中间支撑油封总成;5-中间支撑轴承及轴承座;6-中间支撑油封;7-中间传动轴凸缘;8-垫圈及螺母;9-直通润滑脂嘴;10-中间支架总成;11-中间传动轴总成;12-卡簧;13-防尘圈;14-十字轴滚针轴承总成

第四节 驱 动 桥

一 驱动桥的作用与组成

驱动桥的作用是将发动机输出的相关转矩经过它传给驱动车轮,实现降速增大转矩的作用。

驱动桥由主减速器、差速器、半轴和桥壳等组成,如图 3-1-17 所示。

1. 主减速器功用、类型

主减速器又称主传动器,其作用是降低传动轴传来的转速增大输出转矩,并改变旋转方向,使传动轴左右旋转变为半轴的前后旋转。

按减速齿轮副的级数可分为单级和双级主减速器(图 3-1-18),按

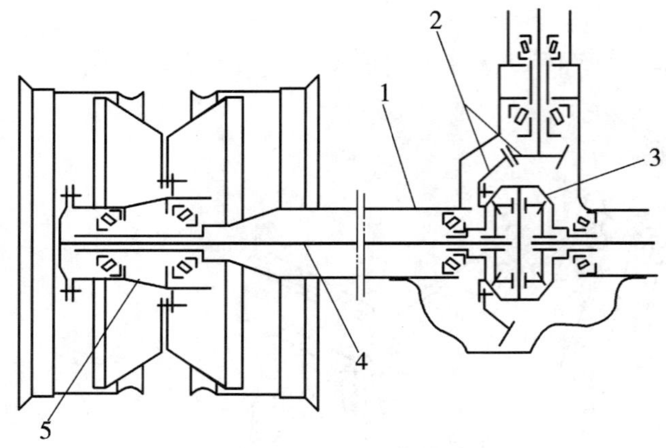

图 3-1-17　一般汽车驱动桥的组成
1-桥壳;2-主减速器;3-差速器;4-半轴;5-轮毂

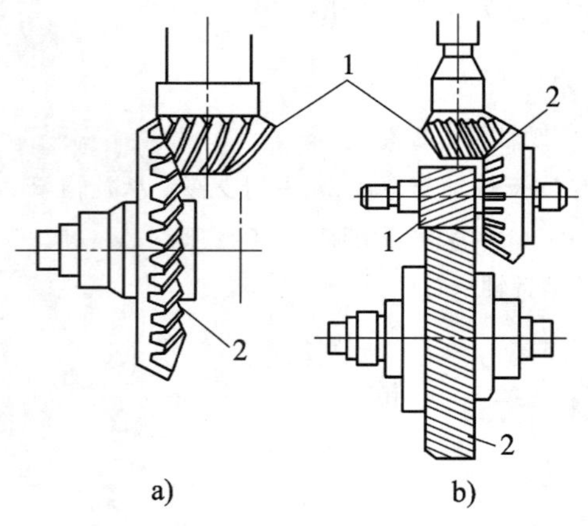

图 3-1-18 主减速器
a)单级;b)双级
1-主动齿轮;2-从动齿轮

主减速器速比挡数分,有单速和双速主减速器,按主减速器所在位置分,有中央主减速器和轮边主减速器。

1)单级主减速器

单级主减速器结构简单,体积小,质量轻,传动效率高,一般用于轿车和轻中型货车上。

2)双级主减速器

采用双级主减速器可以获得较大传动比,保证驱动桥有足够的离地间隙,并可缩短传动轴的长度。它的第一级传动比由一对螺旋锥齿轮副主动锥齿轮和从动锥齿轮所决定,第二级传动比由一对斜齿圆柱齿轮副的第二级主动齿轮和第二级从动齿轮所决定。

2. 差速器

差速器的作用除了把主减速器传来的动力传给驱动轮外,当左右车轮行驶条件不同时，能自动调整左右驱动车轮以不同的转速旋转，使车轮保持滚动行驶状态。

现代汽车的差速器按结构分为普通锥齿轮差速器和防滑差速器。普通行星锥齿轮差速器由两个或四个圆锥行星齿轮、行星齿轮轴、两个圆锥半轴齿轮、垫片和差速器壳等组成，如图 3-1-19 所示。

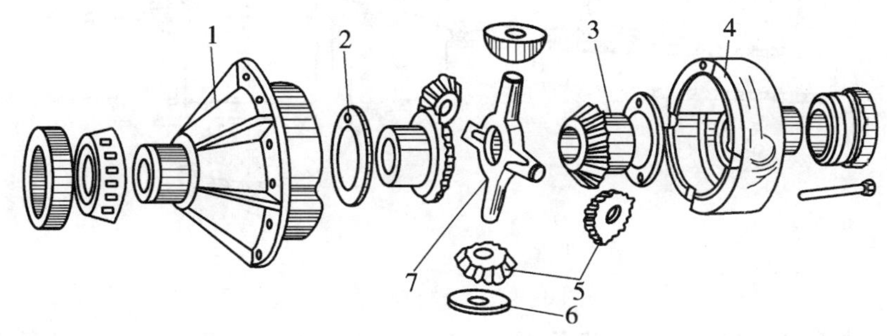

图 3-1-19　行星锥齿轮差速器分解图

1-差速器壳；2-半轴齿轮垫片；3-半轴齿轮；4-差速器壳；5-行星齿轮；6-止锥垫片；7-十字轴

汽车处于直线行驶状态时，行星齿轮只是随同行星架绕差速器旋转轴线公转，两半轴齿轮同速度转动，汽车直线行驶。当汽车转弯时，行星齿轮既有公转，又有自转，使两半轴齿轮以不同速度转动，允许两后轮以不同转速转动。

3. 半轴和桥壳

1）半轴

半轴是在差速器和驱动轮之间传递动力的实心轴，其内端通过花键齿与半轴齿轮连接，外端与驱动轮的轮毂相连，半轴与轮毂在桥壳上的支撑形式决定了半轴的受力情况，现代汽车基本上采用全浮式半轴支撑和半浮式半轴支撑两种形式。

2）桥壳

桥壳分为整体式桥壳和分开（分段）式桥壳，如图 3-1-20 和图 3-1-21所示。

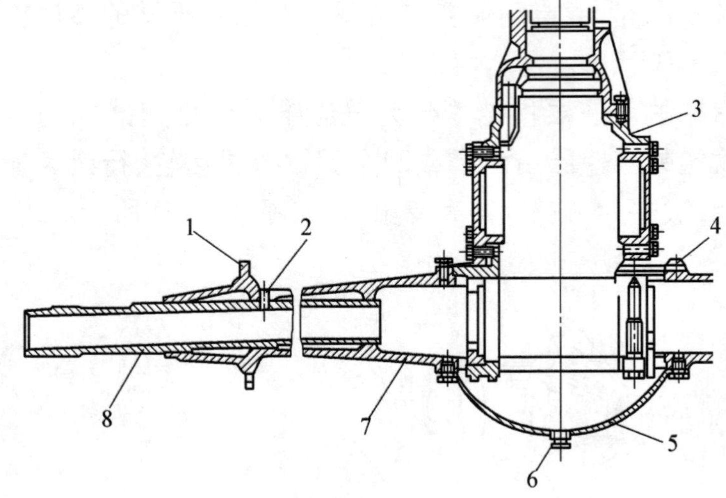

图 3-1-20 整体式桥壳

1-凸缘;2-止动螺钉;3-主减速壳;4-固定螺钉;5-后盖;6-螺塞;7-桥壳;8-半轴套管

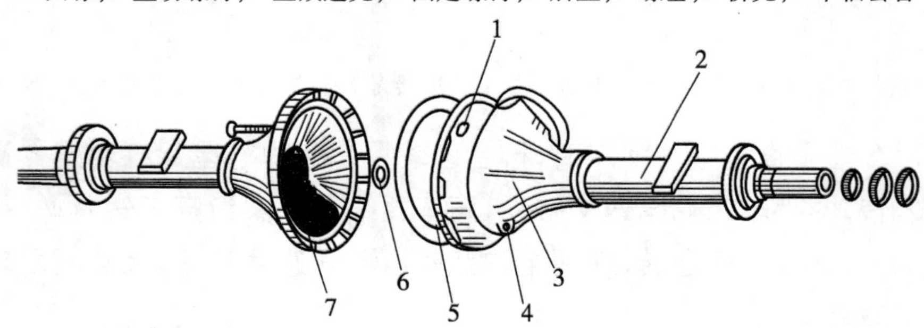

图 3-1-21 分段式桥壳

1-注油孔;2-半轴套管;3-主减速器壳;4-放油孔;5-垫片;6-油封;7-盖

二 驱动桥维护

1. 半轴油封更换

(1)放出变速器内的齿轮油。

(2)拆下传动轴,拧下半轴固定螺栓,拉出半轴。

(3)撬出半轴油封时,在新油封刃口间填充多用途润滑脂,然后用专用工具压入油封。

(4)装入半轴,以20N·m力矩拧紧其紧固螺栓。

(5)重新安装好传动轴。

2. 变速器与主减速器的维护

(1)检查等角速万向节防尘罩等有无渗漏和损坏。

(2)目测变速器与主减速器有无渗漏,检查油液液面,根据需要添加双曲线齿轮油。

三 驱动桥常见故障

1. 驱动桥局部过热

1)故障现象

当汽车行驶一段路程后,用手触摸驱动桥壳时,有烫手感觉。

2)故障原因

(1)轴承装配过紧。

(2)齿轮啮合间隙过小。

(3)缺少齿轮油或齿轮油黏度过小。

2. 驱动桥漏油

1)故障现象

齿轮油经后桥主减速器油封或衬垫向外渗漏。

2)故障原因

(1)主减速器油封损坏,密封不良。

(2)半轴油封损坏。

(3)与油封接触的轴颈磨损,表面有沟槽。

(4)衬垫损坏或紧固螺栓松动。

(5)齿轮油加注过多。

第二章 转向系统的结构与检修

第一节 转向系统概述

一 转向系统的功用和转向方式

1. 功用

改变和纠正(保证直行)车辆的行驶方向。

2. 转向方式

主要有偏转车轮(包括偏转前轮、偏转后轮、前后轮同时偏转)、折腰转向、改变传到两侧驱动轮的转矩等。

3. 转向系统的分类及组成

按转向能源不同可分为机械转向系统和动力转向系统。

1)机械转向系统

由转向器和转向传动机构组成,如图3-2-1所示。

(1)转向器:具有增大转向盘传到转向节的力,并改变力的传递方向的功能。由转向盘、转向盘转向轴、转向啮合副(转向器)组成。

(2)转向传动机构:由转向臂(转向垂臂)、直拉杆、直拉杆臂、左右梯形臂、横拉杆、若干球头关节组成。

①功用:将转向器输出的力传给转向轮,且使两个转向轮偏转角按一定的关系变化,实现汽车顺利转向。

②要求:应有较大的刚度和强度、吸收振动、缓冲。

③分类:非独立悬架配用转向传动机构;独立悬架配用转向传动机构。

2)动力转向系统

由机械转向系统和转向加力装置构成,如图 3-2-2 所示。

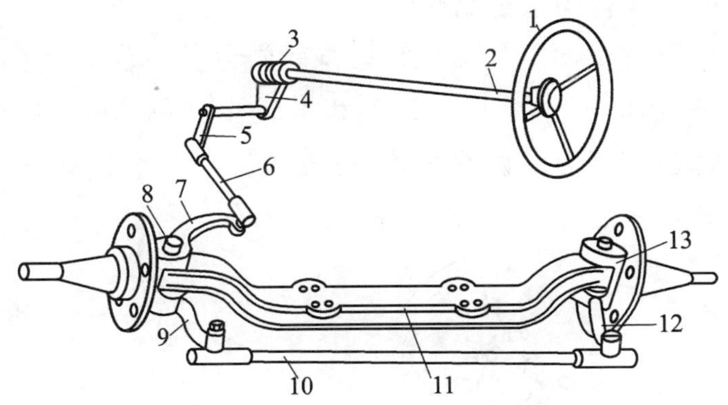

图 3-2-1　转向系统结构示意图

1-转向盘;2-转向轴;3-蜗杆;4-扇形齿轮;5-转向垂臂;6-转向纵拉杆;7-转向节臂;8-主销;9、12-梯形臂;10-转向横拉杆;11-前轴;13-转向节

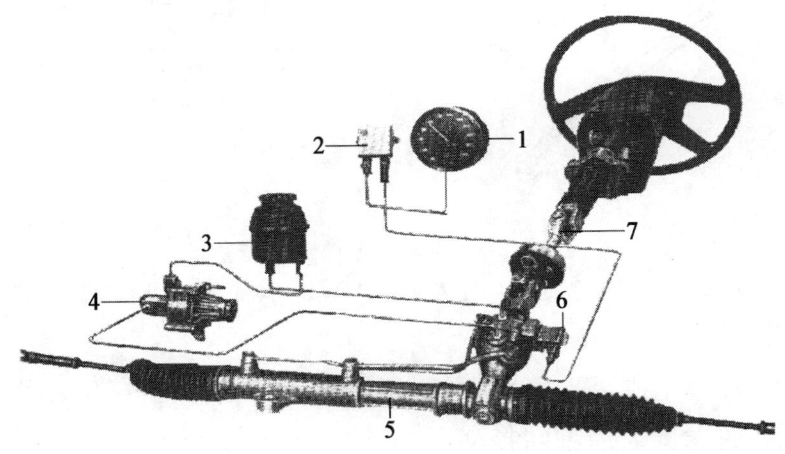

图 3-2-2　带转向加力器的齿轮齿条式转向器结构示意图

1-车速表;2-电控装置;3-储油罐;4-机油泵;5-齿轮齿条式转向机;6-电液传感器;7-带缓冲器的万向轴

4. 转向盘自由行程

转动转向盘消除传动副之间的间隙后,车轮才偏转,此时转向盘转过的角度称为转向盘自由行程。

二 齿轮齿条式转向系统

1. 齿轮齿条式转向系统结构特点

齿条布置于汽车横向和转向盘转向轴端部的小齿轮啮合(齿条可作为转向横拉杆或其一部分)。齿轮为齿数较少、螺旋角较大的圆柱螺旋齿轮。设有啮合间隙自动调整装置,在转向轴上设柔性联轴器或减振装置。如图 3-2-3 所示。

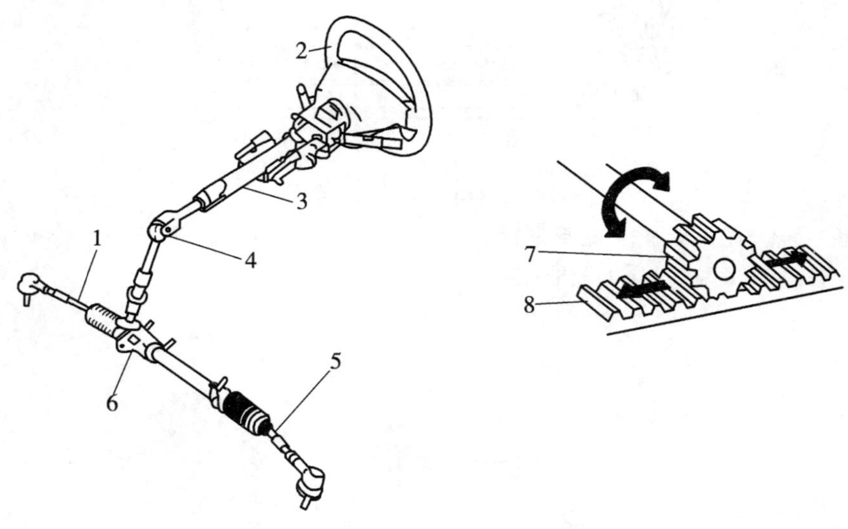

图 3-2-3　齿轮齿条式转向系统

1、5-横拉杆;2-转向盘;3-转向柱;4-万向节;6-转向齿轮箱;7-小齿轮;8-齿条

2. 工作原理

汽车转向时,驾驶人转动转向盘,通过转向轴、安全联轴器带动转向齿轮转动,齿轮使齿条轴向移动,带动转向拉杆移动,使车轮转动。

第二节　电控动力转向与四轮转向系统

电动式电控动力转向系统是直接依靠电动机提供辅助转矩的电动助力式转向系统。

一 电动式电控动力转向系统的结构

电控动力转向系统主要由以下部件组成：

(1)转矩传感器——测量转向盘与转向器之间的相对转矩作为电动助力的依据之一。

(2)电动机、离合器和减速机。

二 电控动力转向系统基本工作原理

操纵转向盘时转矩传感器根据输入力的大小产生相应电压信号，由此检测出操纵力大小，同时根据车速传感器产生的脉冲信号又可测出车速，再控制电动机电流，形成适当转向助力。

三 四轮转向控制系统(4WS)

(1)2WS车和4WS车低速时的转向特性如图3-2-4所示。

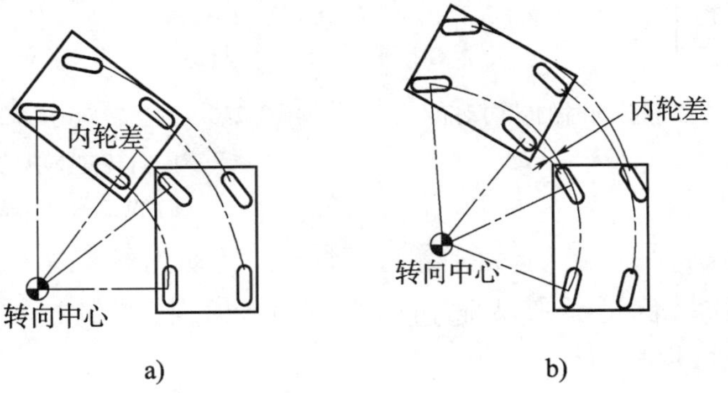

图3-2-4　低速转向时的特性示意图

a)2WS车；b)4WS车

(2)2WS车和4WS车中高速时的转向特性，如图3-2-5和图3-2-6所示。

四 转向系统拆检及易出现故障项目

拆卸分解齿轮齿条式机械转向器时，应在转向齿条端头与横拉杆连接处打上安装标记。

拆卸循环球式机械转向器时，两循环滚道中的钢球应分别放置，并标记其所对应的滚道位置，以防错乱。

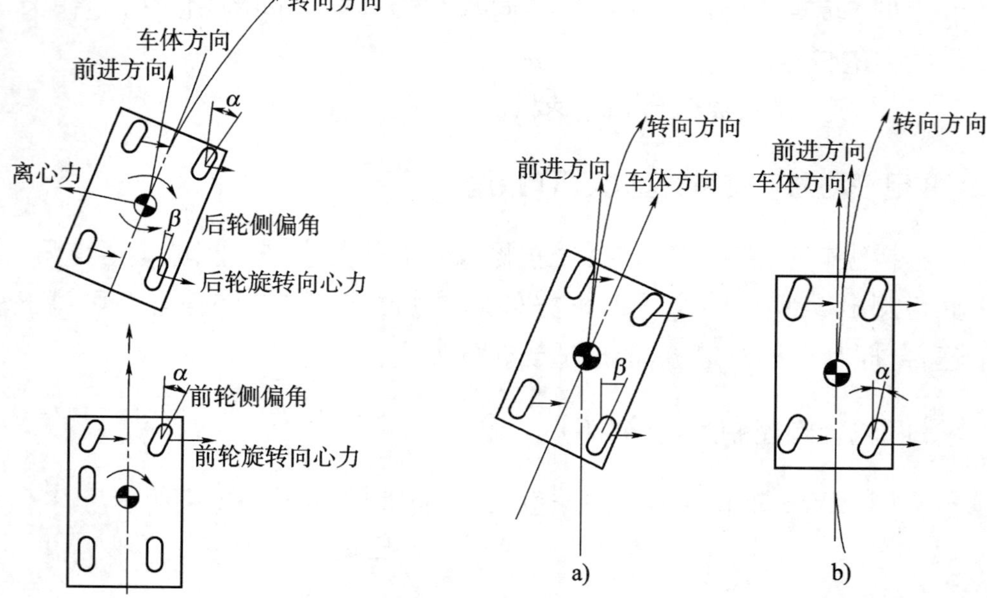

图 3-2-5 2WS 车高速转向时的转向动态

图 3-2-6 高速转向时 2WS 车与 4WS 车同向转向操纵的比较
a) 2WS 车；b) 4WS 车

转向控制阀中，强制转向阀的作用是，当动力转向系统中的液压部分出现故障时，保证驾驶人通过转向盘可以直接操纵机械式转向器工作，使汽车能继续行驶。

液压动力转向系统排空气的程序为架起转向桥，发动机怠速运转，同时反复向左、向右转动转向盘到极限位置，直至储油箱内泡沫冒出并消除乳化现象。

液压动力转向系统中，转向控制阀的作用是，在驾驶人的操纵下，控制转向动力缸输出动力大小、转向动力缸输出动力方向、增力快慢等。

液压动力转向系统渗入空气会引起转向沉重、前轮摆动、转向油泵产生噪声等故障。

第三章 行驶系统的结构与检修

汽车行驶系统的功用是安装部件、支撑汽车、缓和冲击、吸收振动、传送和承受发动机与地面传来的各种力和力矩,并保证汽车正常行驶。由车架、车桥、悬架、车轮等组成。图 3-3-1 所示为汽车行驶系统的组成及部分受力情况。

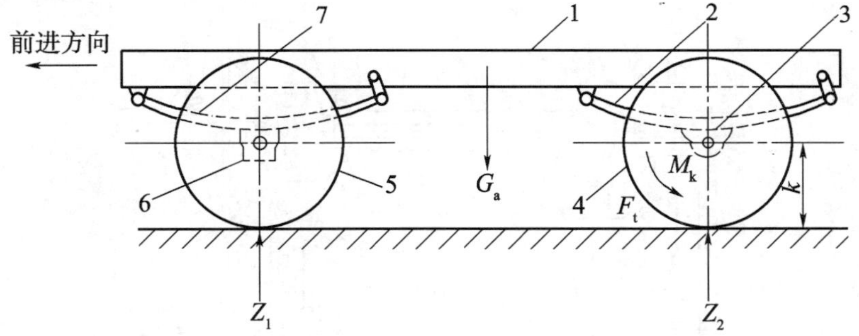

图 3-3-1 行驶系统的组成及部分受力情况

1-车架;2-后悬架;3-驱动桥;4-后轮;5-前轮;6-从动桥;7-前悬架

第一节 车桥的结构与检修

一 车桥的功用和类型

车桥位于悬架与车轮之间,其两端安装车轮,通过悬架与车架(或车身)相连,其功用是传递车架(或车身)与车轮之间各种载荷的作用。

按悬架结构不同,车桥分为整体式和断开式两种。整体式车桥的中部是刚性实心梁或空心梁,与非独立悬架配用;断开式车桥为活动关节式结构,与独立悬架配用。

按车桥上车轮的作用不同,车桥分为转向桥、驱动桥、转向驱动桥和支持桥四种类型。

转向桥的作用：转向桥通常位于汽车的前端，能使左右车轮偏转一定的角度，以实现汽车转向，同时还要承受垂直载荷以及由道路、制动等产生的纵向力和侧向力，以及这些力所形成的力矩。因此，转向桥必须有足够的强度和刚度；车轮转向过程中内部部件之间的摩擦力应尽可能小；并且保证汽车转向轻便和方向的稳定性。图3-3-2所示为转向驱动桥结构示意图。

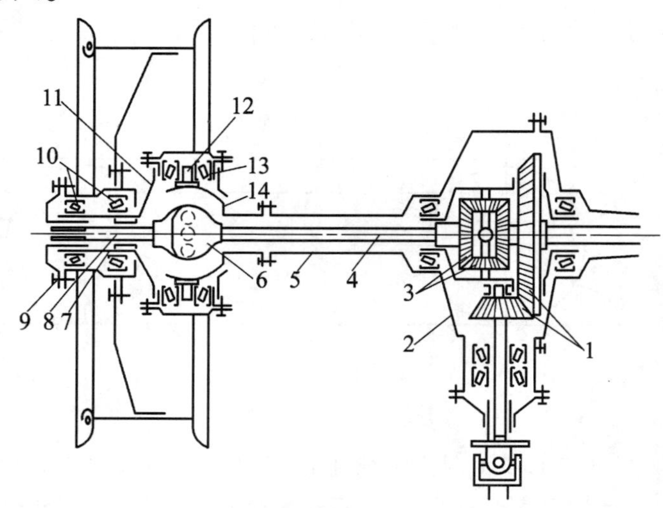

图3-3-2　转向驱动桥结构示意图

1-主减速器；2-主减速器壳；3-差速器；4-内半轴；5-半轴套管；6-万向节；7-转向节轴颈；8-外半轴；9-轮毂；10-轮毂轴承；11-转向节壳体；12-主销；13-主销轴承；14-球形支座

二　车桥的检查与调整

转向节、前轴的检查与调整：

（1）检查转向节轴端螺纹与螺母的配合情况，同时应检查转向节有无损伤或裂纹。

（2）检查转向节主销与衬套的配合间隙。该间隙一般不能超过0.20mm。

（3）转向节与前轴的轴向间隙可通过在转向节与前轴间增减调整

垫片的方法进行调整。

第二节　车轮与轮胎

汽车车轮总成由车轮与轮胎两部分组成，是汽车行驶系统的重要部件，位于汽车车身与路面之间。主要功用如下：

(1)支撑汽车和装载的总质量。

(2)传递汽车与路面之间的各种力和力矩。

(3)缓冲车轮受路面颠簸时所引起的振动。

(4)保持汽车的行驶方向。此外，车轮与轮胎还是汽车重要的安全件。

一　车轮

车轮的功用、组成。车轮是介于轮胎和车桥之间承受负荷的旋转组件，其功用是安装轮胎，承受轮胎与车桥之间各种载荷的作用。车轮一般由轮毂、轮辋和轮辐组成。轮毂通过圆锥滚子轴承装在车桥或转向节轴颈上，用于连接车轮与车桥。轮辋用于安装和固定轮胎。轮辐用于将轮毂和轮辋连接起来，并通过螺栓与轮毂连接起来。

按照轮辐的构造，车轮有两种主要形式：辐板式和辐条式，如图3-3-3

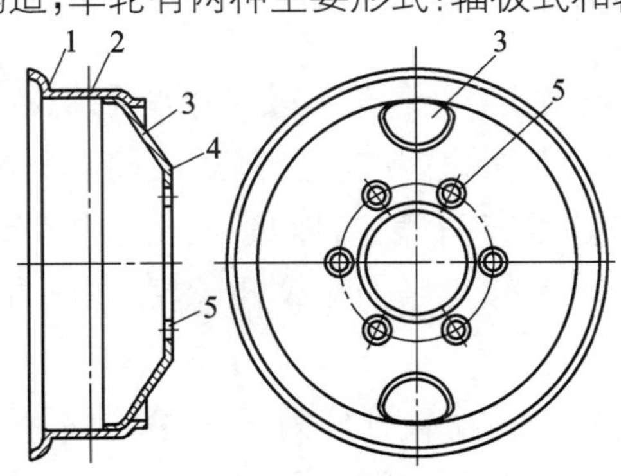

图3-3-3 辐板式车轮

1-轮辋;2-气门嘴伸出口;3-辐板孔;4-辐板;5-螺栓孔

和图3-3-4所示。

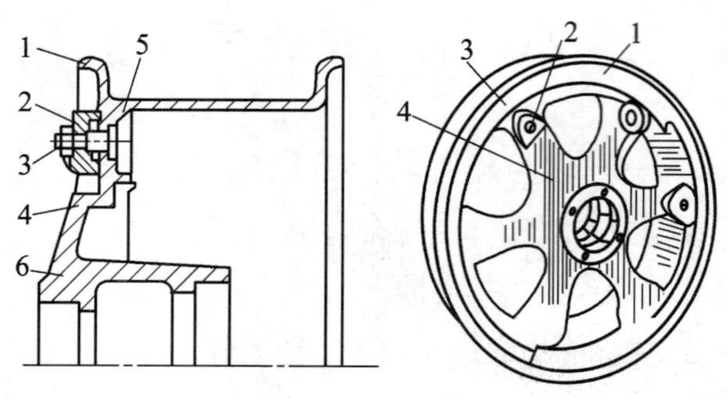

图3-3-4　辐条式车轮

1-轮辋;2-衬块;3-螺栓;4-辐条;5-配合锥面;6-轮毂

二 轮胎

1. 轮胎的功用

轮胎由橡胶制成,安装在轮辋上,并与轮辋组成车轮与地面接触,其功用是:

(1)支撑汽车及装载的总质量。

(2)保证车轮和路面的附着性,以提高汽车的牵引性、制动性和通过性。

(3)与汽车悬架一同减少汽车行驶中所受到的冲击,并衰减由此而产生的振动,以保证汽车有良好的乘坐舒适性和平顺性。

因此,轮胎内部通常充有气体,以具有一定的承受载荷的能力和适宜的弹性;轮胎的外部有较复杂的花纹,以提高与路面的附着性。

2. 轮胎的类型

(1)按轮胎内部有无内胎,可分为有内胎轮胎和无内胎轮胎(俗称真空胎)。轿车上普遍采用无内胎轮胎。

(2)按胎面花纹不同,可分为普通花纹轮胎、越野花纹轮胎和混合花纹轮胎。

(3)按胎体帘布层的结构不同,可分为斜交轮胎和子午线轮胎。子午线轮胎在汽车上应用十分广泛,如图3-3-5和图3-3-6所示。

(4)按轮胎内部的充气压力的大小,可分为高压胎(0.5～0.7MPa)、低压胎(0.15～0.45MPa)和超低压胎(0.15MPa以下)。低压胎弹性好、断面宽、接地面积大、壁薄散热好,从而提高了汽车行驶的平顺性、稳定性,同时提高了轮胎的使用寿命,所以现代汽车上几乎都使用低压胎。

图3-3-5　子午线轮胎

图3-3-6　斜交轮胎

3. 轮胎的结构

(1)有内胎轮胎:由外胎、内胎和垫带组成,使用时安装在汽车车轮的普通可拆卸轮辋上,在深式轮辋上使用的有内胎轮胎没有垫带。

(2)无内胎轮胎:无内胎轮胎俗称真空胎,既无内胎,又无垫带。

(3)外胎的结构:外胎由胎面、帘布层、缓冲层和胎圈组成。

(4)胎面是轮胎的外表面,可分为胎冠、胎肩和胎侧三部分。胎冠与路面直接接触,并产生附着力,使车辆行驶和制动。为使轮胎与地面有良好的附着性能,防止纵、横向滑移,在胎面上制有各种形状的花纹,主要有普通花纹、组合花纹、越野花纹等,如图3-3-7所示。

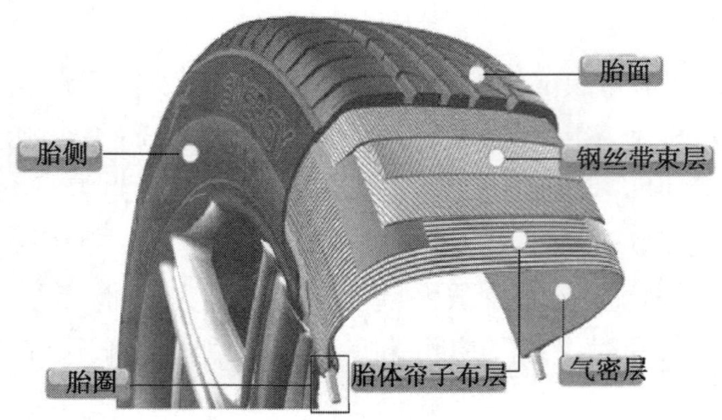

图 3-3-7　轮胎的结构组成

第三节　车轮的检修

一 车轮的平衡

1. 车轮不平衡的危害

汽车车轮是旋转构件，如果车轮不平衡，在高速行驶时就会引起车轮上下跳动和横向摇摆，使驾驶人难以控制行驶方向，汽车制动性能变差，影响行车安全。车轮不平衡还会大大增加各部件的受力，加大轮胎的磨损和行驶噪声等。因此，汽车在使用和维修中必须进行车轮平衡试验和校准。

2. 车轮不平衡的原因

(1)质量分布不均匀，如轮胎产品质量欠佳，翻新胎、补胎、胎面磨损不均匀以及在外胎与内胎之间垫带磨损等。

(2)轮辋、制动鼓变形。

(3)轮毂与轮辋加工质量不佳，如中心不准、轮胎螺栓孔分布不均、螺栓质量不佳等。

3. 车轮动平衡试验

由于车轮动不平衡对汽车危害很大，因此，必须对车轮进行动平衡试验，并进行调平衡工作。车轮的不平衡包括静不平衡和动不平衡，由于动平衡的车轮一定处于静平衡状态，因此只要检测了动平衡，就没有必要再检测静平衡。车轮的动平衡试验包括离车式和就车式两种方法。

三 车轮的检查

1. 车轮总成的拆卸

(1) 停稳车辆，用三角木掩住各车轮。

(2) 取下车轮上的装饰罩，弄清汽车左右侧车轮与轮毂连接螺栓的螺旋方向，使用车轮螺母拆装机或用套筒扳手初步拧松各连接螺母。

(3) 用千斤顶顶在指定的位置，使被拆车轮稍离地面。也可将车辆停在举升架上，升起车辆，使车轮稍离开地面。

(4) 拧下车轮与轮毂连接的全部螺母，取下垫圈，并摆放整齐。

(5) 边向外拉边左右晃动车轮，从车轴上取下车轮总成。

2. 车轮总成的安装

(1) 顶起车桥，套上车轮，将螺母初步拧在螺柱上。

(2) 放下车轮并在车轮前后用三角木掩住，用扭力扳手或车轮螺母拆装机，按对角线顺序分 2 ~3 次拧紧车轮螺母，最后一次要按规定力矩拧紧。

3. 车轮常见故障诊断

车轮常见故障为轮毂轴承过松或过紧。

轮毂轴承过松或过紧必须立即修理，即调整轮毂轴承的预紧度，调整方法如下：

(1) 用千斤顶支起车轮，拧下轮毂盖螺钉，拆下轮毂衬垫。

(2) 拆下锁止销钉，旋下锁紧螺母，拆下锁止垫片。

(3) 旋转调整螺母改变轮毂轴承间隙。旋进轴承间隙变小，旋出轴承间隙变大。一般是将调整螺母旋紧到底，再退回 1/3 圈即可。

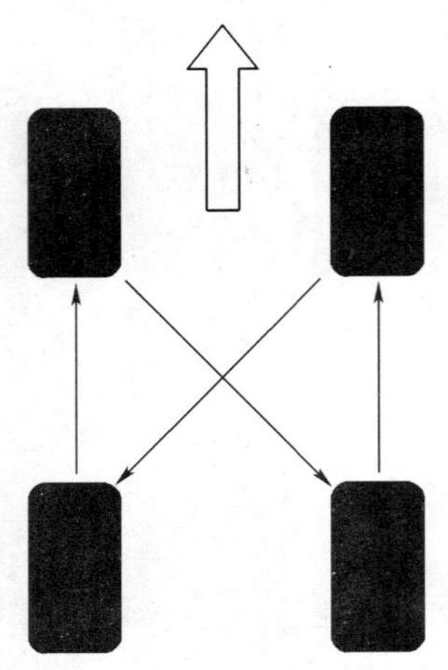
图 3-3-8　后轮及四轮驱动车辆轮胎换位

(4)调整合适的轮毂轴承预紧度应使车轮能够自由转动,且轴向推动无明显间隙。

4. 轮胎换位

按时换位可使轮胎磨损均匀,均可延长20%使用寿命,应结合车辆二级维护定期换位。在路面拱度较大的地区或夏季,轮胎磨损差别较大,可适当增加换位次数。后轮及四轮驱动车辆轮胎换位方式如图3-3-8所示。注意对于子午线轮胎宜用单边换位法。

第四节　悬挂系统的结构与检修

一　汽车悬架概述

汽车车架或车身若直接安装于车桥上,则会由于道路不平而上下颠簸振动,从而使车上的乘员感到不舒服、货物损坏及车上零部件振动受损。因此,汽车上必须装有缓冲、减振和导向作用的悬架装置。

汽车悬架是车架或车身与车桥之间一切传力连接装置的统称,它的功用是:

(1)弹性地连接车桥与车架或车身。

(2)缓和行驶中车辆受到的由不平路面引起的冲击力,保证乘坐舒适和货物完好。

(3)迅速衰减由于弹性系统引起的振动,传递垂直、纵向、侧向反力及其力矩;并起导向作用,使车轮按一定轨迹相对车身运动。

悬架一般由弹性元件、导向装置、减振器和横向稳定器等组成,如图3-3-9所示。

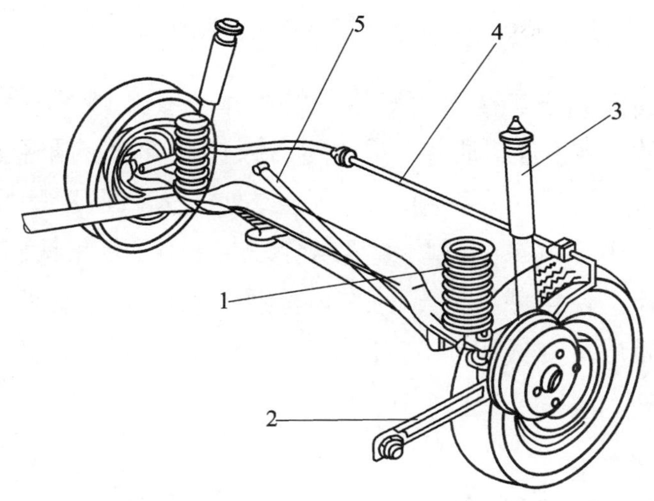

图 3-3-9　汽车悬架组成示意图

1-弹性元件;2-纵向推力杆;3-减振器;4-横向稳定器;5-横向推力杆

二 悬架种类

按照控制形式不同,悬架可分为被动式悬架和主动式悬架两大类。目前多数汽车上采用被动式悬架。根据汽车导向装置的不同,悬架又可分为独立悬架和非独立悬架,如图 3-3-10 和图 3-3-11 所示。

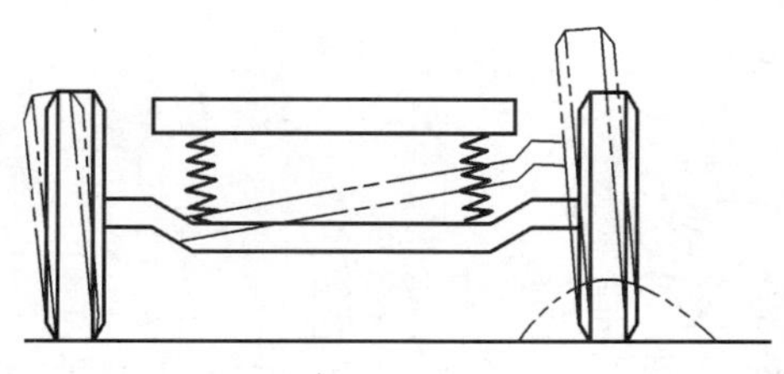

图 3-3-10　非独立悬架

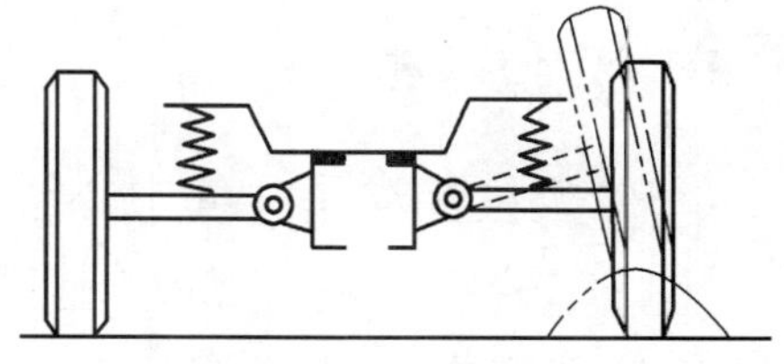

图 3-3-11　独立悬架

三 悬架要求

汽车的固定频率是衡量汽车平顺性的重要参数，它由悬架刚度和悬架弹簧支撑的质量（簧载质量）所决定。人体所习惯的垂直振动频率为1～1.6Hz，车身振动的固有频率应接近或处于人体适应的频率范围，才能感觉舒适。由于汽车的载质量经常会发生变化，因此其固有频率也会随之变化。为了使空载和满载时的固有频率保持一定或变化很小，需要把悬架刚度做成可变或可调的，目前汽车上装有电子控制的悬架，就能满足此种目的。

第五节　车轮的定位

一 车轮定位的目的

车轮定位的目的是保证汽车的操纵稳定性、方向稳定性及最小的轮胎磨损，并在各种路况下保证这些要求的实现。

磨损、变形、损坏会使定位参数发生变化，从而导致严重事故。更换球销、摆臂、横拉杆等零件后对车轮定位参数进行调整也是必需的。

车轮定位就是对悬架及转向系统各部件进行调整，以达到原设计功能。且只有计算机四轮定位才是快捷、准确的定位方法。

二 车轮定位基准

车轮定位基准是几何中心线和推力线重合。

(1)车轮中心线：指轮胎上对车轮轴垂直的中心线。

(2)几何中心线：指车身纵向中心平面和过前后两车轴水平面的相交线。

(3)推力线：指后轮总前束的角平分线。

三 何时进行四轮定位

（1）直线行驶困难：转向沉重、发抖、跑偏、不自动复位。驾驶时车感飘浮、颠颤、摇摆等不正常的驾驶感觉。行驶中转向盘不正或行车方向的跑偏现象出现。

（2）轮胎出现不正常磨损：单边磨损、波状磨损、块状磨损、偏磨等。

（3）汽车更换悬架系统或转向系统有关部件。

（4）前部经碰撞事故维修后。

四 四轮定位的检测项目

四轮定位的检测项目见表3-3-1。

四轮定位的检测项目　　表3-3-1

主销后倾角	转向轮前束值/角及前张角
主销内倾角	转向20°时的前张角
后轮外倾角	转向轮轮外倾角
轮距、轴距	后轮前束值/角
推力角	轨迹宽度偏差
横向偏位	轴距偏差
轮轴偏移等	轴偏位

五 车轮定位的概念及作用

1. 主销后倾角

转向节主销轴线或假想的主销轴线（某些独立悬架的汽车无实际主销）在纵向平面内向后倾斜，与铅垂线所形成的夹角称为主销后倾角。

主销后倾分为正后倾、零后倾和负后倾。

主销后倾有以下作用：

(1)行驶中的方向跑偏能自动回正，但转向时费力。

(2)不影响轮胎磨损。

(3)动力转向的汽车后倾大。

(4)过小易偏摆(摆振)，高速摆振。

(5)胎压低后可减小后倾(起后倾作用)。

对于麦弗逊式悬架设有较小的正主销后倾角。

2. 主销内倾角

转向节主销轴线或假想的主销轴线在横向平面内向内倾斜，与铅垂线所形成的夹角称为主销内倾角。

内倾角的作用：

(1)偏置最小，操纵省力。偏置小，回跳、跑偏小。

(2)自动回正。

(3)过小不回正，低速偏摆(摆振)。

(4)左右不等，驱动跑偏。

注：主销内倾角过大，会导致转向沉重，加速轮胎磨损。

3. 包容角

包容角为内、外倾角的总和。转向节弯曲，包容角变化。

4. 车轮外倾角

转向轮安装时并非垂直于路面，而是向外倾斜一个角度，车轮中心平面与铅垂线的夹角称为外倾角。即汽车在横向平面内，车轮几何中心线与地面铅垂线的夹角。

有零外倾、正外倾(铅垂线外侧)、负外倾(铅垂线内侧)。

5. 前束

前轮前束是以推力线与几何中心线重合作为参考直线，左右轮胎的中心线与其的夹角。有总前束和单独前束之分。

前束的作用：消除由于外倾角所产生的轮胎侧滑。

因为车轮外倾角作用是使车轮顶部朝外倾斜，当车辆向前行驶时，车轮要朝外滚动，从而产生侧滑，会造成轮胎磨损。所以，前束作用是消除由于外倾角所产生的轮胎侧滑。对于前轮驱动的汽车，前轮宜为正前束，后轮宜为负前束。

注意，在进行四轮定位调整过程中，一般的调整顺序为先调后轮外倾、前束，再调主销后倾角、主销内倾、前轮外倾和前轮前束。

第四章 汽车制动系统的结构与检修

第一节 普通制动系统的结构与检修

一 制动系统的功用

汽车制动系统的功用可以概括为三个方面：

(1)行驶中的汽车减速乃至停车。

(2)下长坡的汽车保持车速稳定。

(3)停驶的汽车可靠驻停。

二 制动系统的组成和分类

一般汽车应该包括两套独立的制动系统：行车制动系统和驻车制动系统。

(1)行车制动系统：由驾驶人通过脚来操纵，一般称为脚制动系统。制动系统的前两个功用就是由行车制动系统来完成。

(2)驻车制动系统：一般是由驾驶人用手来操纵，所以常俗称为手制动系统，用于完成制动系统的第三个功用。

(3)汽车制动系统一般都由以下四个组成部分：

①供能装置：包括供给、调节制动所需能量以及改善传能介质状态的各种部件。如气压制动系统中的空气压缩机、液压制动系统中人的肌体。

②控制装置：包括产生制动动作和控制制动效果的各种部件，如制动踏板等。

③传动装置：将驾驶人或其他动力源的作用力传到制动器，同时控制制动器的工作，从而获得所需的制动力矩。包括将制动能量传输到制动器的各个部件，如制动主缸、制动轮缸等。

④制动器：产生阻碍车辆运动或运动趋势的力的部件。

按照制动能源分类，汽车制动系统又可分为人力制动系统、动力制动系统和伺服制动系统。

二 制动系统的工作原理

制动装置的基本工作原理如下。

以蹄式制动器为例：驾驶人经制动系统控制装置，操纵制动器的不旋转元件制动蹄对旋转元件制动鼓（与轮毂连接）制动，从而产生 M_t（制动力矩）。制动力矩经车轮与地面的附着作用生成 F_t（制动力），制动力作用于车轮→车桥→悬架→车架（身），汽车减速，直至停车。在轿车上常采用领从蹄式制动器，如图 3-4-1 所示。

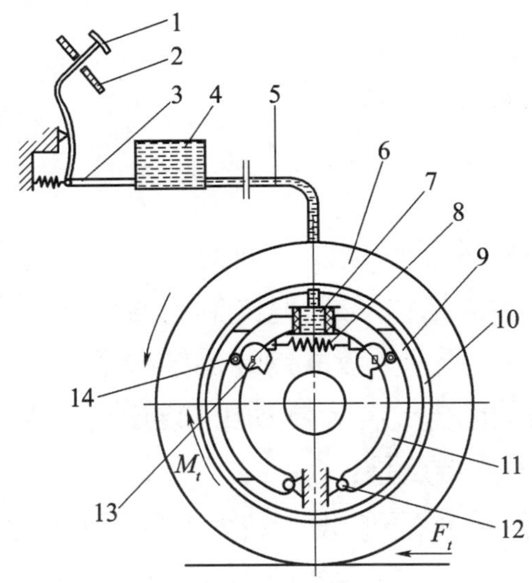

图 3-4-1　制动工作原理示意图

1-制动踏板；2-隔板；3-推杆；4-制动主缸；5-油管；6-轮胎；7-轮缸；8-复位弹簧；9-摩擦片；10-制动鼓；11-制动蹄；12-支撑销；13-凸轮；14-限位螺母

四 制动系统的要求

(1)行车制动能力足够。评价指标:汽车在一定初速度下的制动减速度和制动距离。

(2)操纵轻便。评价指标:汽车在紧急制动时的最大操纵力和行程。

(3)方向稳定。制动不跑偏,要求左右制动力相等。不甩尾,不失控,要求不发生一轴首先抱死拖滑现象。

(4)滞后小。从开始踩下制动踏板到制动力开始产生时间短,从开始放松制动踏板到制动力开始解除时间短。

(5)驻坡能力高。车辆在良好路面上可靠停驻的最大坡度。

(6)热稳定性好。制动器受热时制动性能不易衰退。

(7)水平稳定性好。

(8)可靠性好。当汽车制动系统某部分失灵时,汽车不会完全丧失制动能力。

(9)公害小。即噪声、粉尘、污染小。

五 盘式制动器

盘式制动器的旋转元件是以端面为工作面的金属圆盘,称为制动盘。根据其固定元件的结构形式,盘式制动器可分为钳盘式制动器与全盘式制动器,图3-4-2所示为盘式制动器结构图。

钳盘式制动器的固定元件为制动钳和制动块(由金属背板和摩擦片组成)。盘式制动器的特点是:

(1)摩擦表面为平面,不易发生较大变形,制动力矩较稳定。

(2)热稳定性好,受热后制动盘只在径向膨胀,不影响制动间隙。

(3)受水浸渍后,在离心力的作用下水很快被甩干,摩擦片上的剩水也由于压力高而较容易被挤出。

六 盘式制动器检查与调整

1. 制动盘的检查

(1)目视检查制动盘是否有裂纹、翘曲、沟痕等,如有则更换。

(2)检查制动盘的厚度。制动盘使用磨损会使其厚度减小,厚度过小会引起制动踏板振动、制动噪声及颤动。检查制动盘厚度时,可用千分尺直接测量,测量位置应在制动块与制动盘接触面的中心部位。桑塔纳轿车前制动盘标准厚度为 10mm,使用极限为 8mm,超过极限尺寸时应予更换。

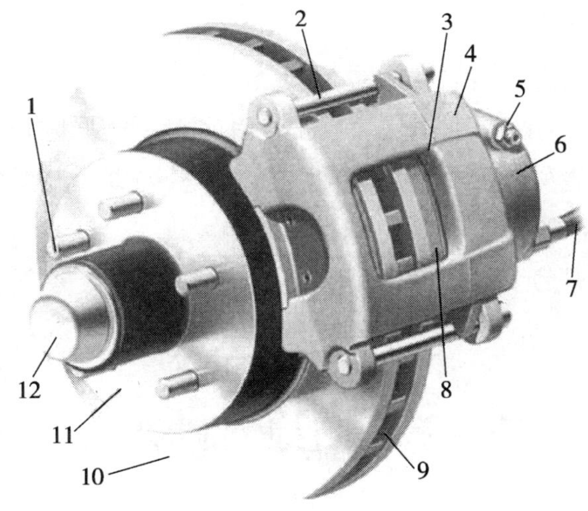

图 3-4-2　盘式制动器结构图

1-轮毂螺栓;2-制动钳卡销;3-观察孔;4-制动钳;5-放气口;6-制动活塞壳体;7-制动液软管;8-制动摩擦块;9-通风孔;10-制动盘;11-车轮凸缘;12-防尘罩

(3)检查制动盘端面圆跳动。

桑塔纳轿车前轮盘式制动器的制动间隙是自动调整的,它是利用密封圈的弹性变形来实现的。

2. 制动块厚度的检查

若制动块已拆下,可直接用游标卡尺测量。制动块摩擦片的厚度为 14mm(不包括金属板),使用极限为 7mm。若车轮未拆下,对外侧的摩擦片,可通过轮辐上的检视孔,用手电筒目测检查。内侧摩擦片,利用反光镜进行目测。

3. 制动踏板自由行程调整

(1)制动踏板高度的检查:用直尺测量从地面到制动踏板上表面的距离。如果超出规定,应调整踏板高度。

(2)制动踏板高度的调整:制动踏板高度是通过制动踏板后面的制动灯开关进行调整。首先拆下制动灯导线,松开制动灯开关锁紧螺母,视调整要求将制动灯开关旋入、旋出即可。然后紧固锁紧螺母,并确保制动灯开关工作良好。制动踏板高度调整后应再次检查踏板自由行程。

(3)制动踏板自由行程检查和调整:

①检查:发动机熄火,踩下制动踏板几次,以消除真空助力器的真空,然后用手指轻轻按压制动踏板,感觉有阻力时测量此位置与制动踏板高度之差即为制动踏板的自由行程。

②调整:松开锁紧螺母,转动踏板推杆直到踏板高度正确,紧固锁紧螺母。

第二节　汽车防抱死制动系统(ABS)

一　ABS 概述

汽车防抱死制动系统是汽车在任何路面上进行较大制动力制动时,防止车轮完全抱死的系统,简称 ABS(Anti-Lock Braking System)系统。这种系统利用电子电路自动控制车轮制动力,可以充分发挥制动器的效能,提高制动减速度和缩短制动距离,并能有效地提高制动时车辆的稳定性,防止车辆侧滑和甩尾,减少交通事故的发生。

汽车受到与行驶方向相反的外力时,才能从一定的速度制动到较小的车速或直至停车。

二 ABS 的类型

实际应用中常按控制通道和车轮转速传感器的数目进行分类。

控制通道:ABS 中能够独立进行制动压力调节的制动管路称为控制通道。

ABS 按照控制通道数可分为四通道系统、三通道系统、双通道系统和单通道系统。但其布置形式却是多种多样的。

三 ABS 的基本组成

无论是气压制动系统还是液压制动系统,ABS 都是在普通制动系统的基础上增加了传感器、ABS 执行机构和 ABS 电控单元(ABS ECU)三部分,如图 3-4-3 所示。

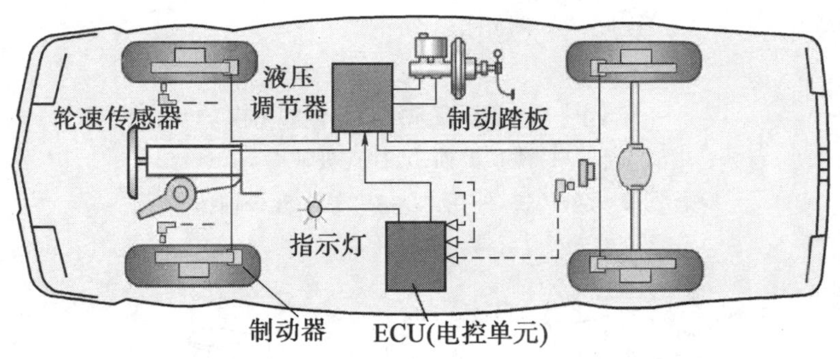

图 3-4-3　ABS 基本组成

1. 传感器

ABS 采用的传感器包括轮速传感器、车速传感器和汽车减速度传感器。在各种控制方式的 ABS 中均有轮速传感器,它利用电磁感应原理(或霍尔原理)检测车轮速度,并把轮速信号转换成脉冲信号送至 ABS 电控单元。一般轮速传感器都安装在车轮上,如图 3-4-4 所示。

2. 执行机构

ABS 执行机构主要指制动压力调节器,制动压力调节器根据 ABS 电控单元指令来调节各车轮制动器的制动压力。不同制动系统的 ABS

所采用的制动压力调节器也不同，根据动力来源可分为气压式（一般用于大型货车或客车）、液压式（目前被广泛使用）。根据结构关系可分为整体式（制动压力调节器与制动主缸结合为一个整体）和分离式（调节器与主缸分别是独立的总成）。根据调压方式分循环式（通过电磁阀直接控制轮缸制动压力）和可变容积式（通过一套液压装置来控制轮缸制动压力的增减），如图 3-4-5 所示。

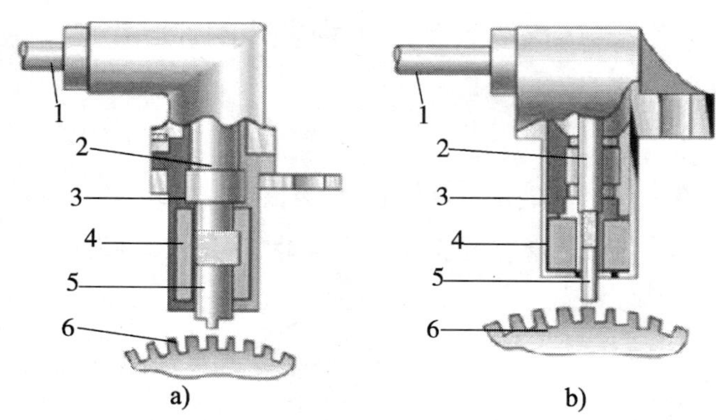

图 3-4-4　磁感应轮速传感器的结构

a）凿式极轴；b）柱式极轴

1-电缆；2-永磁体；3-外壳；4-感应线圈；5-极轴；6-齿圈

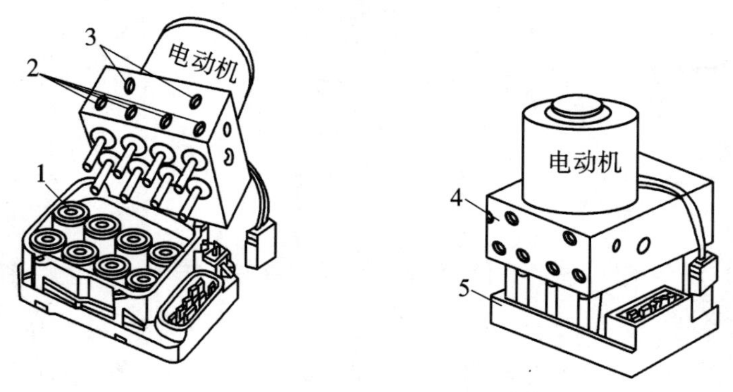

图 3-4-5　制动压力调节器结构

1-电磁阀；2-至轮缸；3-至主缸；4-压力调节器（HCU）；5-ECU

3. ABS 电控单元

ABS 电控单元接收传感器信号，比较各轮转速和汽车行驶速度，判断各车轮的滑移情况后，向 ABS 执行机构下达指令来调节各车轮制动器的制动压力。当 ABS 出现故障时，ABS 电控单元使 ABS 警报灯点亮，同时切断通往执行机构的电源，使 ABS 停止工作。目前各种 ABS 电控单元的内部电路及控制程序并不相同，但大致都由图 3-4-6 所示的几个基本电路组成。

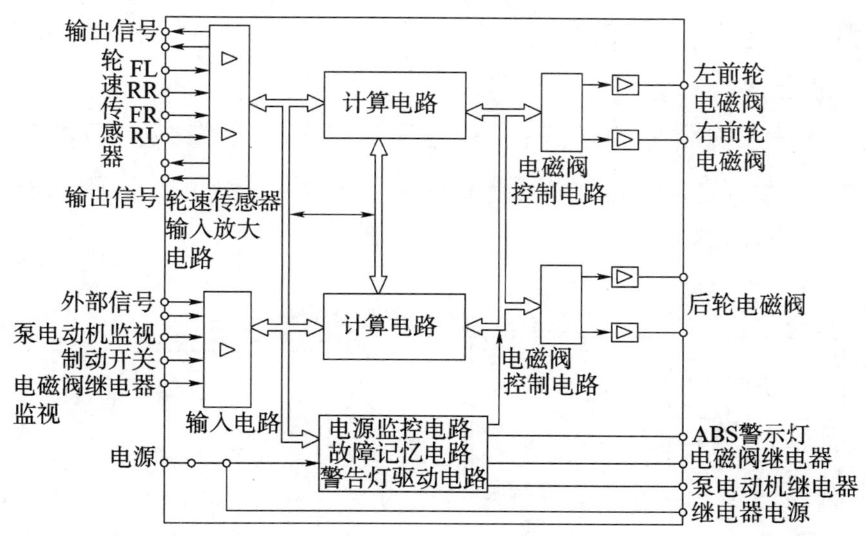

图 3-4-6　ABS 电控单元的内部电路

四　ABS 控制系统的基本工作原理

ABS 液压控制单元装在制动主缸与制动轮缸之间，采用整体式结构（图 3-4-7）。主要任务是转换执行 ABS ECU 的指令，自动调节制动器中的液压压力。

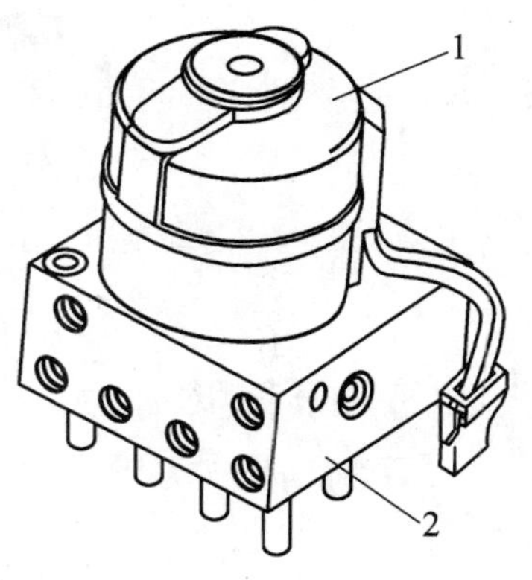

图 3-4-7　液压控制单元结构
1-带低压储液罐的电动液压泵；2-液压单元

液压控制单元（N55）阀体内包括 8 个电磁阀，每个回路各一对，其中一个是常开进油阀，一个是常闭出油阀。它在制动主缸、制动轮缸和回油路之间建立联系，实现压力升高、压力保持和压力降低的功能，防止车轮抱死，其工作原理如下。

1. 开始制动阶段(系统油压建立)

开始制动时,驾驶人踩制动踏板,制动压力由制动主缸产生,经常开的不带电压的进油阀作用到车轮制动轮缸上,此时,不带电压的出油阀依然关闭,ABS 没有参与控制,整个过程和常规液压制动系统相同,制动压力不断上升,如图 3-4-8 所示。

2. 油压保持

当驾驶人继续踩制动踏板时,油压继续升高到车轮出现抱死趋势时,ABS 电控单元发出指令使进油阀通电并关闭阀门,出油阀依然不带电压仍保持关闭,系统油压保持不变,如图 3-4-9 所示。

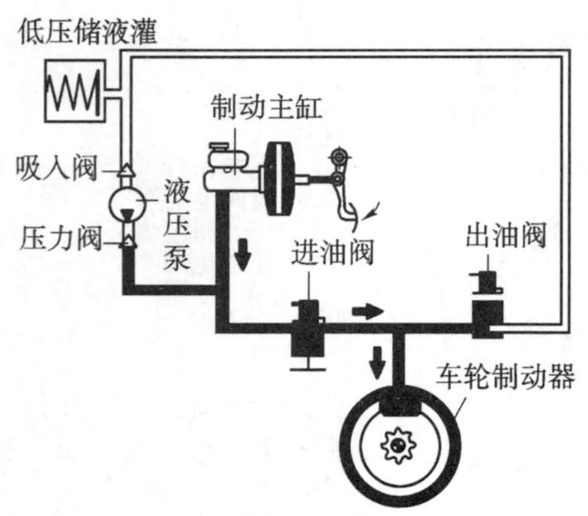

图 3-4-8 系统油压的建立

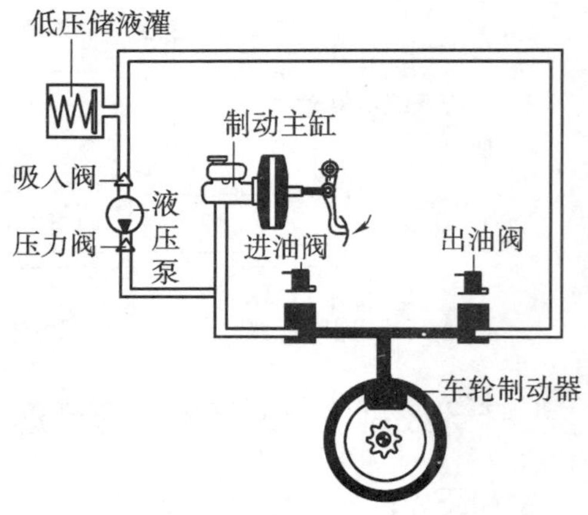

图 3-4-9 油压保持阶段

3. 油压降低

若制动压力保持不变,车轮有抱死趋势时,ABS 电控单元给出油阀通电打开出油阀,系统油压通过低压储液罐降低油压,此时进油阀继续通电保持关闭状态,有抱死趋势的车轮被释放,车轮转速开始上升。与此同时,电动液压泵开始起动,将制动液由低压储液罐送至制动主缸,如图 3-4-10 所示。

4. 油压增加

为了使制动最优化，当车轮转速增加到一定值后，电控单元给出油阀断电，关闭此阀门，进油阀同样也不通电而打开，电动液压泵继续工作从低压储液罐中吸取制动液泵入液压制动系统，如图3-4-11所示。随着制动压力的增加，车轮转速又降低。这样反复循环地控制(工作频率为5~6次/s，将车轮的滑移率始终控制在20%左右。

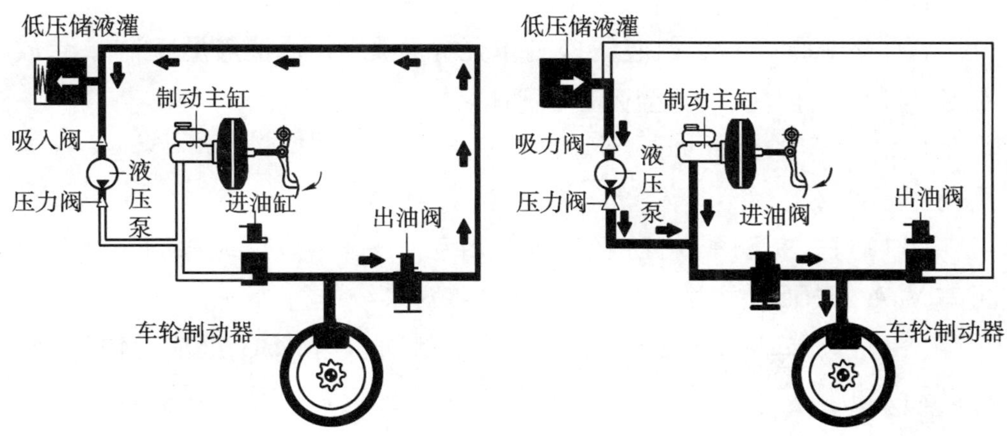

图3-4-10　油压降低阶段　　　　图3-4-11　油压增加阶段

如果ABS出现故障，进油阀始终常开，出油阀始终常闭，使常规液压制动系统继续工作而ABS不工作，直到ABS故障排除为止。

五 ABS的检修注意事项

(1)系统发生故障由ABS警告灯(K47)和制动装置警告灯(K118)指示。某些故障只能在车速超过20km/h后才能被检测到。

(2)如果ABS警告灯(K47)和制动装置警告灯(K118)不亮，但尽管如此，制动效果仍不理想，则可能是系统放气不干净或在常规的制动系统中存在故障。

(3)对ABS修理前，为了检查故障所在，应先用V. A. G1552故障诊断仪查询故障码。

(4)拔 ABS 电气插头之前,必须关闭点火开关。

(5)开始修理前,应关闭点火开关,从蓄电池上拆下搭铁线。

(6)防抱死制动系统工作必须绝对清洁,决不要使用含矿物油的物质,例如机油或油脂。

(7)拆卸前必须彻底清洁连接点和支撑面,决不要使用像汽油、稀释剂等类似的清洁剂。

(8)拆下的零件必须放在干净的地方,并且覆盖好。

(9)把 ABS ECU 和液压控制单元分开后,必须把液压控制单元放在专用支架上以免在搬运中碰坏阀体。

(10)拆下的元件如果不能立刻完成修理工作,必须小心地盖好或者用塞子封闭。

(11)打开制动系统完成作业后,用专用工具 VW1238A 制动液充放机与 V. A. G1552 故障诊断仪配合使用,对系统进行放气。

(12)在试车中,至少进行一次紧急制动。当 ABS 正常工作时,会在制动踏板上感到有反弹,并可感觉到车速迅速降低而且平稳。

第三节　电子制动系统简介

将具有 ABS、EBD、ASR、TCS、ESP 等所有功能的制动系统称为电子制动系统。

1. EBD(即电子制动力分配)

EBD 实际上是 ABS 的辅助功能,在 ABS 起动之前其对前后轮制动力之比进行调节,以防止出现后轮先抱死的趋势。

2. ASR(即加速驱动防滑控制系统)

ASR 是控制车辆尤其是大功率的汽车在起步、加速时驱动轮出现打滑的现象,以维持车辆行驶方向的稳定性,保持好的操控性及适当的驱动力,保证行车安全。

3. TCS（即牵引力控制系统）

TCS 是在 ABS 基础上发展起来的新系统。ABS 控制 4 个车轮，而 TCS 只控制驱动轮，其制动原理与 ASR 如出一辙。

4. ESP（即电子稳定程序）

ESP 是控制车辆的横摆力矩，把车轮侧偏角限制在一定范围内，以抵消汽车的不稳定运动，如在湿滑路上甩尾时的矫正作用。

第四篇

车载网络系统与车身电控系统

第一章　车载网络系统的结构与检修

第一节　车载网络的基础知识

一　车载网络概述

随着车用电气设备越来越多，从发动机控制到传动系统控制，从行驶、制动、转向系统控制到安全保障系统及仪表报警系统，从电源管理到为提高舒适性而做的各种努力，使汽车电气系统形成一个复杂的大系统，并且都集中在驾驶室控制。另外，近年来新型电子通信产品的出现，对汽车的综合布线和信息的共享交互提出了更高的要求。

随着车载网络技术的发展，未来车载网络将是 CAN、LIN、MOST 三网合一共存于同一汽车内，从而可将适当的数据速率、强健性和低成本进行组合。LIN 总线负责处理反射镜、天窗、车窗等处，是电动机间的低成本低速连接；CAN 总线负责发动机、ABS、安全气囊、仪表板、车身控制器、门锁和空调系统间的数据通信和控制；MOST 总线负责娱乐、导航和通信等设备的连接。

二　车载网络系统的总体构成

车载网络系统主要由模块、数据总线、网络、架构、通信协议、网关等组成。

1. 模块

模块是探测信号和进行信号处理的电子装置，如传感器、芯片等。

2. 数据总线

数据总线的速度通常用比特率来表示。如图 4-1-1 所示数据总线传输系统组成。汽车总线传输必须确保以下几点：

(1)传输信息的安全。

(2)信号的逻辑“1”明显区别于逻辑“0”。

(3)异步总线随机传送数据。

(4)根据预先确定的优先权进行总线访问。

(5)竞争解决后获胜节点能够访问总线且继续传输信息。

(6)具有根据信息内容解决总线访问竞争的能力。

(7)总线的功能寻址和点到点寻址能力。

(8)节点在尽量短的时间内成功访问总线。

(9)最优化的传输速率；节点的故障诊断能力。

(10)具有一定的可扩充性等。

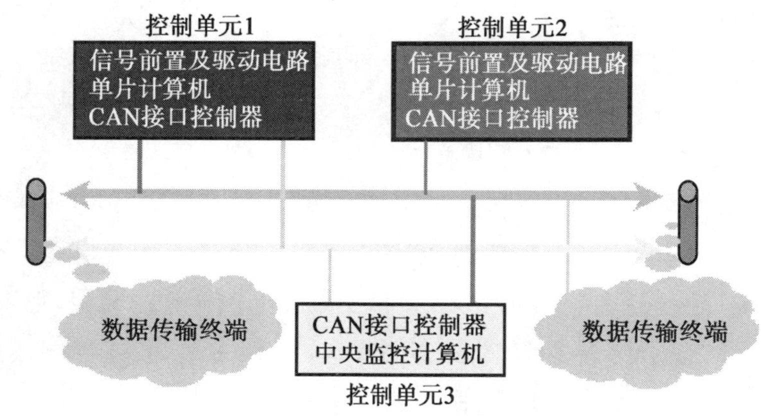

图4-1-1　数据总线传输系统的组成

3. 网络

车载网络大多采用总线拓扑结构，如CAN、SAEJ1850、PALMNET等。其优点是：电缆短，布线容易；总线结构简单，又是无源元件，可靠性高；易于扩充，增加新节点只需在总线的某点将其接入，如需增加长度可通过中继器加入一个附加段。除此之外，还有星型网、环形网结构等。

4. 总线访问协议

汽车总线的访问协议一般为争用协议，每个节点都能独立决定信息帧的发送。网络协议所使用的防冲突监听措施多为载波监听多路访问，如 CAN、SAEJ1850、PALMNET 等。

5. 网关

网关是连接异型网络的接口装置，它综合了桥接器和路由器的功能，汽车网关主要能在 OSI 参考模型的物理层、数据链路层和应用层上对双方不同的协议进行翻译和解释。

第二节　汽车总线

一　CAN 总线

CAN(Controller Area Network)即控制器局域网络，属多路传输系统的一种，是德国博世公司在 20 世纪 80 年代初，为了解决现代汽车中众多的控制与测试仪器之间的数据交换而开发的一种串行数据通信协议。

CAN 分为高速和低速 CAN 总线。数据总线的速度通常用比特率来表示，比特率是每秒千字节(kB/s)。低速 CAN 的总线速度为 10～125kB/s，高速为 250kB～1MB/s。高速 CAN 应用在发动机、变速器、ABS 等实时性要求强的控制模块，低速 CAN 主要是运用在车身控制模块领域。

CAN 作为一种多主总线，支持分布式实时控制的通信网络。其通信介质可以是双绞线、同轴电缆或光纤。

二　CAN 总线的构成

CAN 数据传输系统中每块电控单元的内部增加了一个 CAN 控制器、一个 CAN 收发器；每块电控单元外部连接了两条 CAN 数据总线。在系统中作为终端的两块电控单元，其内部还装有一个数据传递终端(有时数据传递终端安装在电控单元外部)。

高速数据总线及网络容易产生电噪声(电磁干扰)，这种电噪声会导致数据传输出错。

三 CAN数据总线的基本传输原理和传输过程

CAN数据总线的数据传输原理在很大程度上类似于电话会议的方式。一个用户控制单元向网络中“说出”数据，而其他用户“收听”到这些数据。一些控制单元认为这些数据对它有用，它就接收并且应用这些数据，而其他控制单元也许不会理会这些数据。故数据总线里的数据并没有指定的接收者，而是被所有的控制单元接收及计算。在同一网络中，任意节点之间同位CAN线是导通的。数据的具体传输过程如图4-1-2所示。

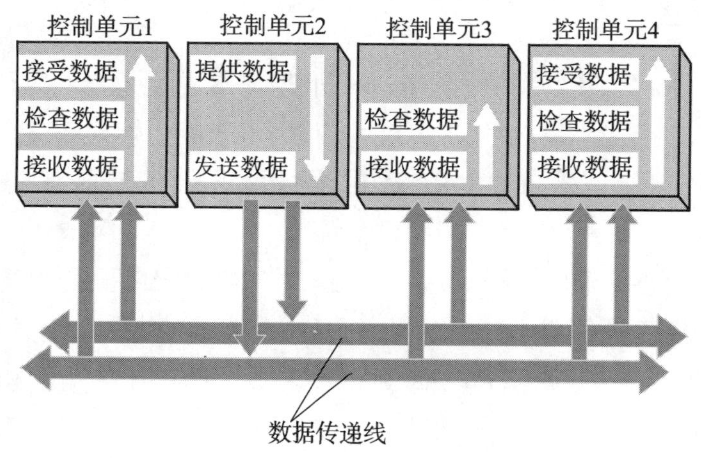

图4-1-2　数据传递过程

四 LIN总线

LIN(Local Interconnet Network)即本地互联网络，是一种低成本的串行通信网络，适应于汽车中如车门、转向器、座椅、空调、照明灯等控制。LIN的目标是为CAN总线提供辅助功能。它不需要总线的宽带和多功能场合，从而使LIN总线大大节省成本。

LIN技术规范中，除定义基本协议和物理层外，还定义了开发工具和应用软件接口。

一个LIN总线是由一个主节点、一个或多个从节点组成。所有从节点都有一个从通信任务,该通信任务分为发送任务和接收任务。主节点则有一个主发送任务。

五 MOST 总线

MOST(面向媒体的系统传输)总线可连接多种设备,包括汽车导航、数字视频、显示、蜂窝电话以及 CD/DVD 等。MOST 技术针对塑料光纤媒体而优化,可支持高达 24.8MB/s 的数据速率,并且在器件层提供高度可靠性和可扩展性。MOST 是一种同步网络(网络中所有时钟均工作于正常状态,具有相同的长期频率准确度),同步网络相对于非同步网络(如 IEEE-1394)最大的优点是车辆通话过程中传输高清晰不失真信号的能力,如图 4-1-3 所示。

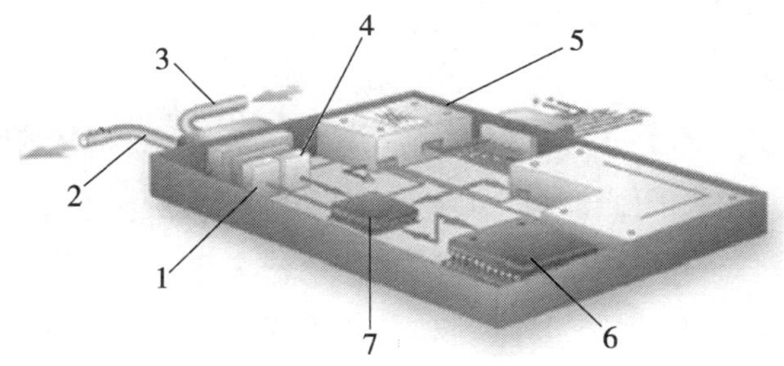

图 4-1-3　MOST 控制单元的组成

1-发送光电二极管;2-光纤出口;3-光纤入口;4-接受光电二极管;5-电源模块;6-控制器;7-收发器

光学网络可分有源光学网络和无源光学网络等几类。

汽车使用的主要是无源光学网络,是由光纤和光电耦合器构成的。光学数据总线中衰减增加的原因有光纤弯曲半径太小、光纤的覆盖层损坏或者有磨痕光纤有压痕。

第三节　轿车车载网络系统的检修

一辆轿车车载网络系统在动力传动系统和舒适系统中装用了两套 CAN 数据传输系统,如图 4-1-4 所示。

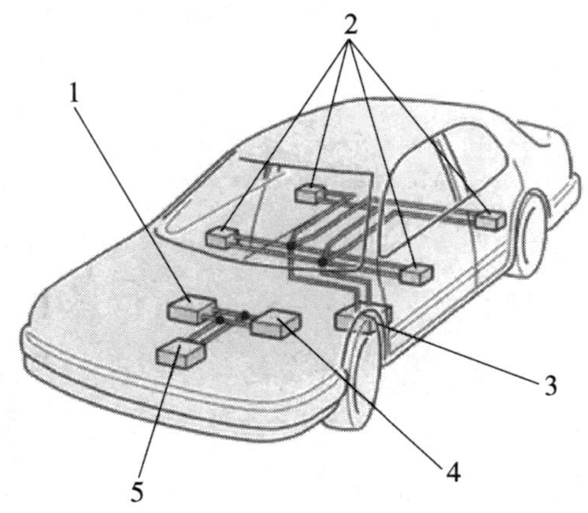

图 4-1-4　两套 CAN 数据传输系统的轿车

1-ABS 电控单元;2-车门电控单元;3-中央控制单元;4-自动变速器电控单元;5-发动机电控单元

1. 动力 CAN 数据传输系统

1）动力 CAN 数据传输系统的组成

如图 4-1-5 所示，动力 CAN 数据总线连接 3 块电控单元，它们是发动机电控单元、ABS/EDL 电控单元及自动变速器电控单元（动力 CAN 数据总线实际可以连接安全气囊、四轮驱动与组合仪表等电控单元）。总线可以同时传递 10 组数据，发动机电控单元 5 组、ABS/EDL 电控单元 3 组和自动变速器电控单元 2 组。数据总线以 500kb/s 速率传递数

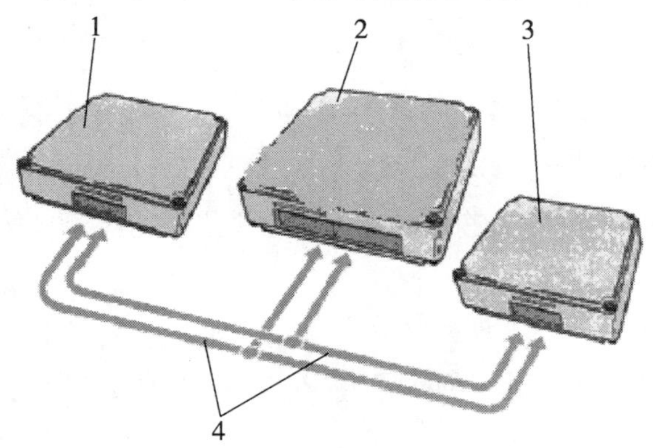

图 4-1-5　动力传动系统 CAN 数据总线

1-ABS/EDL 控制单元;2-发动机控制单元;3-自动变速器电控单元;4-数据总线（外部节点）

据，每一数据组传递大约需要0.25ms，每一电控单元7～20ms发送一次数据。优先权顺序为ABS/EDL电控单元、发动机电控单元、自动变速器电控单元。

2）动力CAN数据传输系统故障码查询

可以使用VAG1551、VAG1552或VAS5051电脑诊断仪，分别进入01、02、03地址，对发动机电控单元、ABS/EDL电控单元和自动变速器电控单元进行自诊断，再进入功能码02查询三块电控单元是否储存CAN数据传输故障码。

3）动力CAN数据传输系统故障诊断

（1）诊断条件：已查询出CAN数据总线的一个故障码。

（2）必备工具仪表：检测盒VAG1598/31、万用表VAG1526、成套辅助接线VAG1594和电路图。

（3）诊断步骤：关闭点火开关，拔开发动机控制单元插头，将VAG1598/31插到控制单元，此时不要连接线束插头。使用万用表测量58针与60针之间的电阻，这是数据传递终端的电阻值，规定值为60～72Ω，如不符合规定应更换发动机控制单元，如符合规定应按照电路图测量数据总线的故障点。

2. 舒适CAN数据传输系统

1）舒适CAN数据传输系统的组成

舒适CAN数据总线连接五块控制单元，包括中央电控单元及四个车门电控单元。舒适CAN数据传递有五个功能：中央门锁、电动窗、照明开关、后视镜加热及自诊断功能。电控单元的各条传输线以星状形成汇聚一点，这样做的好处是，如果一个控制单元发生故障，其他控制单元仍可发送各自的数据。

2）CAN数据传输系统故障码查询

可以使用VAG1551、VAG1552或VAS5051，进入地址码46，对舒适系统控制单元进行自诊断，进入功能码02查询舒适系统中央控制单元是否储存故障码。

3）CAN 数据传输系统故障诊断

（1）诊断条件：已查询出 CAN 数据总线的一个故障码。

（2）必备工具仪表：万用表 VAG1526 和电路图。

（3）诊断步骤：按照电路图使用万用表测量数据总线的故障点。如未查出故障，先清除故障码，再拔下所有车门插头并依次插好，同时读取数据块 012 组的显示区 1，视显示情况更换某一个控制单元。

第二章 车身电控系统简介

第一节 车辆防盗系统与中控门锁

所谓汽车防盗器是一种点火开关打开后开始工作的电子防盗保护装置。采用使发动机不能发动,或能发动数秒后即中断的方式防盗(又称电子锁)。可以有效避免汽车被无权使用的人开走。

一 车辆防盗系统的分类

汽车防盗系统可分为机械式和电子式两种。

1. 机械式防盗器

机械式防盗器是用机械的方法对油路、变速器、变速杆、转向盘、制动器等进行控制,如变速杆锁、转向盘锁、轮胎锁等。这种方法虽然费用低,但使用不方便,安全性差,正在逐步被淘汰。目前流行的是电子式防盗器。

2. 电子式防盗器

电子式防盗器按其功能可分为以下三类:

(1)防止非法进入汽车的防盗系统。

(2)防止破坏或非法搬运汽车的防盗系统。

(3)防止汽车被非法开走的防盗系统。

二 汽车防盗系统的组成及工作原理

当以非正常的手段解除报警功能时,若发生侵入车厢事件及起动发动机,这时传感器便能检测到这种信息,把信号传到控制单元,控制系统进行判断，当其认为异常时，一方面会发出报警，另一方面会阻止发动机运转，如图 4-2-1 所示。

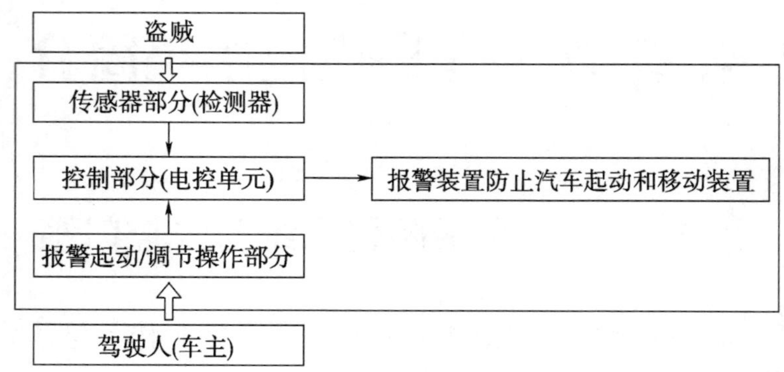

图 4-2-1　汽车防盗系统示意图

汽车防盗系统包括三部分：开关和传感器（探测是否发生非法进入汽车或非法搬运汽车的情况）、防盗 ECU、执行机构（报警装置和使汽车失去运动能力的系统）。

1. 基本防盗系统的工作原理

防盗 ECU 的主要输入信号由遥控模块、左右车门锁芯开关和 4 个车门微开开关提供。如果有人非法开启车门，使车门微开开关接通，并将此接通信号送给防盗 ECU，而遥控模块和车门锁芯开关并没有将开门信号送给防盗 ECU，所以防盗 ECU 即判断为非法进入，于是接通防盗扬声器和报警灯的电路。这种防盗系统的功能较简单，它只能警报和恐吓窃车贼，不能阻止汽车被开走或被搬走。

2. 汽车防盗系统增强中央门锁的安全功能

（1）测量门锁钥匙电阻。

（2）加装密码锁。

（3）遥控器增加保险功能。

3. 汽车防盗系统增强汽车锁止功能

（1）使起动机无法工作。

（2）使发动机无法工作。

（3）使发动机 ECU 处于非工作状态。

(4)采用电子式转向锁。

4. 振动报警装置

振动报警装置工作原理是:防盗系统启动后,若汽车受到意外移动,安装在汽车内部的一个振动传感器便将车辆振动的信号传送给防盗ECU,如果振动传感器输出信号大于标准值时,有恐吓功能的灯光、扬声器一起工作,并提醒车主注意。

三 汽车防盗系统的功能

汽车停车锁定后,为防止整车被盗,设计了防盗系统。若其中任一车门、行李舱盖、发动机罩被强行打开,或被卸下的蓄电池桩头又重新装上,这时汽车防盗系统会发出警报,并使发动机不能起动。防盗系统的警报信号能触发扬声器断续发响和使前照灯、尾灯及其他车身外部灯闪烁,发动机不能起动是由于起动回路被断路。

四 一辆轿车汽车防盗器的组成

轿车汽车防盗器由下列元件组成:带有脉冲转发器的汽车钥匙、识读线圈、防盗器 ECU(J362)。带可变代码的发动机 ECU(J220)以及防盗器警告灯。图 4-2-2 所示为汽车防盗器的组成。

车钥匙上的脉冲转发器和识读线圈是整个电子控制防盗系统的信号发生器,防盗器 ECU 是控制单元,而发动机 ECU 是执行器。

1. 脉冲转发器

脉冲转发器安装在车钥匙中,它是一种不需要电池来驱动的感应和发射元件。

当车钥匙插入锁孔并打开点火开关时,防盗器 ECU 把能量输送给识读线圈。由识读线圈把能量用感应的方式传送给脉冲转发器。这时,脉冲转发器接收感应能量后立即发射出“程控代码”,通过识读线圈把程控代码输送给防盗器 ECU,供其核对,以识别合法性。每一辆车的车钥匙,即脉冲转发器都有不同的“程控代码”。

2. 识读线圈

识读线圈环绕在机械点火开关锁的外面，在点火开关置于 ON 时，把能量传送给车钥匙中的脉冲转发器，并把脉冲转发器中存储的程控代码输送给防盗器 ECU。

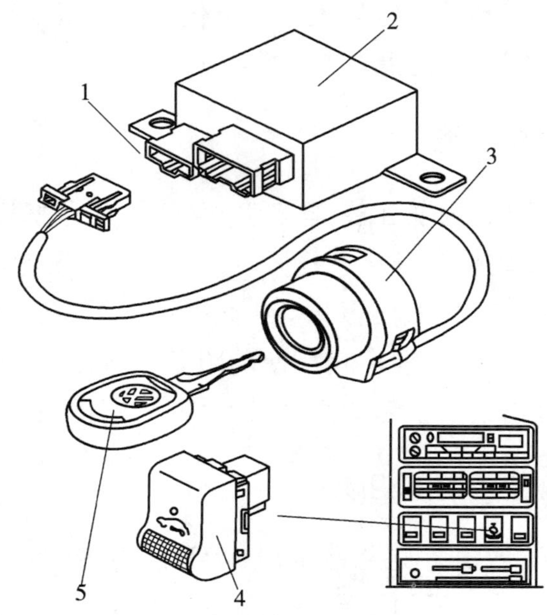

图 4-2-2　一辆轿车防盗器

1-与发动机 ECU 连接接口；2-防盗器 ECU；3-识读线圈；4-防盗器警告灯；5-带转发器的车钥匙

3. 防盗器 ECU

防盗器 ECU 安装在转向柱左边支架中央线路板上方。在点火开关置于 ON 时，激活脉冲转发器，通过识读线圈把它的程控代码接收回防盗器 ECU。防盗器 ECU 把输入的程控代码与先前存储在防盗器内的车钥匙代码进行核对是否正确。同时防盗器 ECU 又对发动机 ECU 存储在防盗器 ECU 中的代码核对是否正确。如果核对后，代码不一致，发动机在发动后 2s 之内，中断点火和喷射而熄火。

由于防盗器 ECU 是经过与发动机 ECU 匹配后，才介入到发动机电子控制系统中的，因此只有使用被装于汽车上的防盗器 ECU 匹配过并认可的车钥匙,才能安全起动发动机。

4. 防盗警告灯

当使用合法的车钥匙打开点火开关时,安装在仪表台中部面板上的防盗警告灯会点亮后熄灭(3s 内)。如果使用非法的车钥匙,或者在防盗系统中存在故障,打开点火开关后,防盗警告灯会连续不停地闪烁。

五 汽车中控门锁系统

汽车门锁的发展趋势是由机械式向电子化演变。汽车电子门锁、汽车电子密码点火锁和汽车电控转向锁等都是汽车门锁实行电子控制的产物。

1. 汽车中控门锁的分类

汽车电子锁的分类方法很多,既可以按照控制部分中主要元器件的异同进行分类,也可以按照编码方式的异同进行分类。一般可分为有按键式电子锁、拨盘式电子锁、电子钥匙式电子锁、触摸式电子锁和生物特征电子锁等。

2. 汽车中控门锁的结构

汽车电子门锁通常由控制部分和执行机构两部分组成。

(1)控制部分:包括编码器、输入器、存储器、鉴别器、驱动级、抗干扰电路、显示装置、保险装置和电源部分。

(2)执行机构:汽车电子门锁的执行机构一般采用电磁铁或微型电动机控制。

①电磁铁式自动车门锁:这种汽车电控门锁的开启和锁闭均由电磁铁驱动,如图 4-2-3 所示。

②电动机式自动车门锁:该锁由可逆式电动机、传动装置及锁体总成构成,如图 4-2-4 所示。

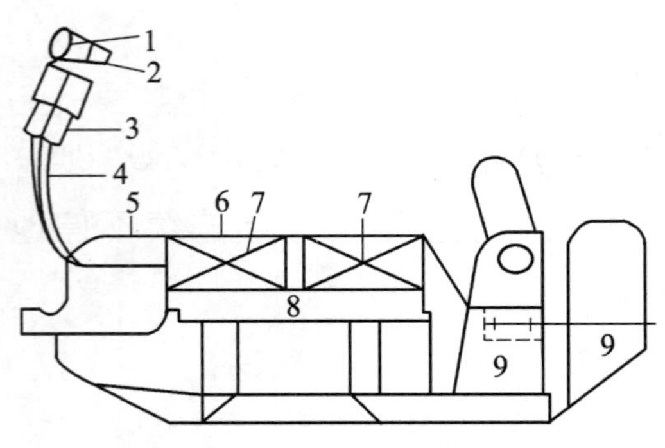

图 4-2-3　电磁铁式结构

1-锁闭位置;2-开启位置;3-插接器;4-导线;5-橡胶罩;6-轭铁;7-线圈;8-铁芯;9-托架头

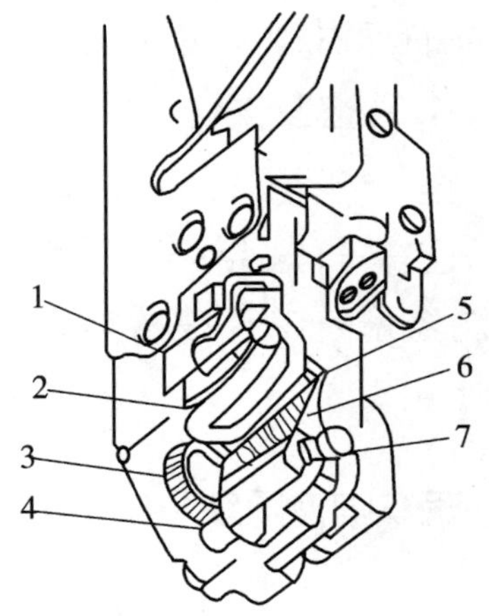

图 4-2-4　电动机式门锁传动机构

1-位置开关;2-同动开关;3-滑轮;4-小齿轮;5-锁紧齿轮;6-蜗轮齿轮;7-门锁电动机

第二节　电控自动空调系统

空调是空气调节器的简称。汽车空调系统的功能是对车室内空气的温度、湿度、流速和清洁度等参数进行调节,使乘员感到舒适,并预防或去除风窗玻璃上的雾、霜和冰雪,保证乘员身体健康和行车安全。空调系统是舒适性装置,汽车内部温度是舒适性的重要指标。车内温度取决于车外温度、空气流速以及太阳辐射的大小。当车外温度超过 20℃,车内的舒适温度只能靠冷风降温达到。

一 车辆自动空调系统组成

车辆自动空调系统一般有四部分组成:一是传感器部分,专门负责温度信息反馈;二是系统“控制中枢”,也就是空调 ECU;三是控制部件,包括空调系统冷凝器电动机、蒸发器电动机等,还包括混合气流电动机、气流方式电动机,用以控制冷暖气组合、开启或关闭正面、侧面和脚部的出风门;四是自检及报警部分。如图 4-2-5 所示。

电控自动空调系统工作原理

输入到空调 ECU 的信号主要有车内温度、车外温度、日光强度、发动机冷却液温度、设定温度、空调运行模式、温度风门位置、空调压缩机制冷剂温度及压力等。ECU 输出的控制信号主要有真空转换器真空度、各风门和温度调节风门位置、鼓风机运转状态、空调压缩机运转状态等。

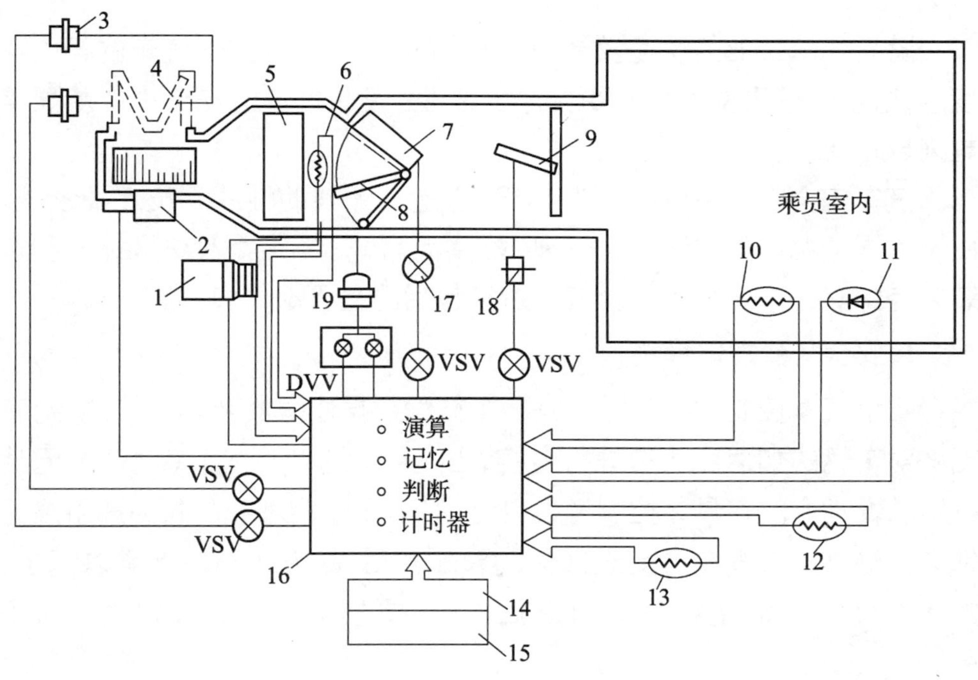

图 4-2-5　电控自动空调系统

1-空调压缩机；2-鼓风机；3-真空驱动器；4-回风风门；5-蒸发器；6-蒸发器温度传感器；7-加热器；8-温度风门；9-出风口转换风门；10-车内温度传感器；11-日照传感器；12-车外温度传感器；13-发动机冷却液温度传感器；14-运行方式开关；15-温度设定开关；16-空调 ECU；17-热水阀；18-转换风门真空驱动器；19-反馈电位器

当通过操作键设定好车内温度时，空调运转过程中空调 ECU 将不断地根据各种传感器输送来的信号，对送风温度和风量进行及时调整和修正，同时，自动选择送风方式和送风口。当车内热负荷增大时，空调

ECU 会自动改变空调压缩机的开、停时间，增大制冷量，同时加大送风速度，以补偿由于车外温度升高、日照强度大、车内负荷增加造成的车内温度升高。在空调自动运行方式下，送风模式和送风口的选择是自动切换的。

第三节　乘员辅助保护系统

随着汽车工业的快速发展和高速公路的开发与建设，汽车的行驶速度越来越快，使得交通事故更加频繁发生，因此汽车的安全性能就显得越来越重要。

汽车安全气囊系统简称为 SRS，它是一种辅助性的乘员保护系统。由于各国情况不同，就其汽车整体配置而言，安全气囊系统是标准和选装并存的。一个典型的安全气囊系统包括的主要部件如下。

1. 安全气囊控制模块

安全气囊控制模块实际上是一个微型数据修理器及驱动控制器，它能够对车辆的加速度状态进行监控，当达到设定极限值，将向引爆元件发出触发指令。在具体控制过程中，能够选择性地对单侧向局部引爆元件进行触发。在汽车遭受碰撞使气囊膨开后，故障码一般都难以调出，如此设计的目的是在气囊引爆后，必须更换 SRS ECU，如图 4-2-6 所示。

2. 安全气囊

安全气囊的功用是当气体发生器触发之后，产生的气体将使气囊膨胀，以阻止碰撞产生的冲击力。按照具体的安装位置，气囊可分为正面气囊、侧面气囊、窗帘气囊、膝部气囊、座椅气囊等。在清洁膨胀后的气囊时，应保持良好的通风并采取防护措施。前安全气囊的打开与否与撞击角度和撞击速度有关，一般来说，在汽车翻转、轻微碰撞、侧面碰撞或后面碰撞时气囊不会打开。

3. 碰撞传感器

碰撞传感器的功用是向空调控制模块发送在车辆碰撞时的加速度信号。按照构造进行划分，碰撞传感器可分为机械式、机电式、电子式。目前先进的高级汽车均采用带微处理器的电子式碰撞传感器。

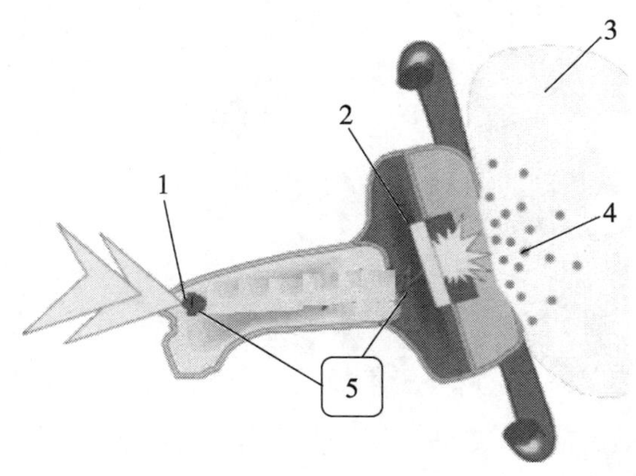

图 4-2-6　安全气囊工作

1-撞击传感器;2-充气系统;3-安全气囊;4-氮气;5-SRS ECU

碰撞传感器又称加速度传感器，为了能够准确而快速地测量车身各部位的碰撞状态，传感器安装在前保险杠后部、发动机舱翼子板、前车门、座椅底部下方等部位。

4. 安全带

安全带主要用于对乘员身体进行约束，当车辆发生碰撞时，安全带的约束功能与气囊的防护功能必须同时发挥作用，才能达到正确保护乘员的效果。

安全带机构上的气体发生器有两种安装形式，一种是与安全带拉紧器集成在一起，当发生碰撞时，发生器产生的气体将推动安全带向后回缩，防止乘员从座椅中脱离出去。另一种是与座椅侧边的安全带锁扣集成在一起，功能与前面的一种相同。

5. 气体发生器

气体发生器也就是引爆装置，它是安全气囊的核心部件，由外壳、雷管、增压剂、气体发生剂和过滤器组成，其功用是当汽车发生碰撞时，由SRS控制模块发出点火引爆信号，点燃气体发生器，然后迅速产生大量的气体，对气囊进行充气。气体发生器用专用螺栓和螺母固定在气囊支架上，装配时只能用专用工具进行装配。防止安全气囊误引爆机构的插接器中有一个短路片，如图4-2-7所示。

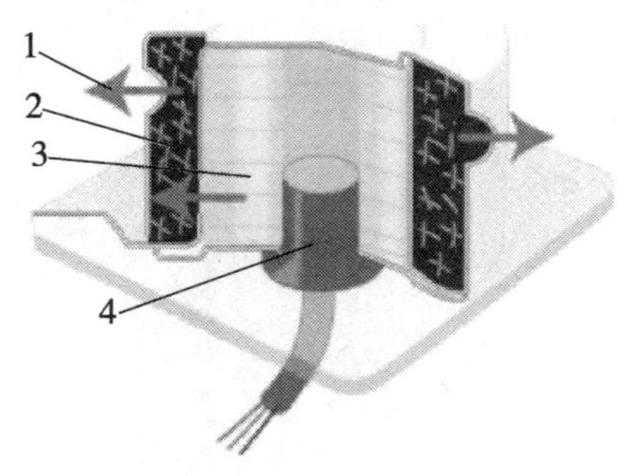

图4-2-7　安全气囊气体发生器

1-氮气；2-过滤器；3-叠氮化钠；4-点火器

6. 座椅占用识别传感器

座椅占用识别传感器安装在座椅面下方，它的功用是识别该座椅是否有人乘坐，识别信号传送至SRS控制模块，用于决定在碰撞过程中，是否触发该相关的气体发生器。

座椅占用传感器通常由两部分元件组成，一个是外形如塑料薄膜的压敏传感器，另一个是对传感器信号进行处理的电子元件，该电子元件将模拟式传感器信号转换成数据信号，然后通过专用导线传送至SRS控制模块。

SRS线束都套装在黄色的波纹管内，并与线束总成连成一体，以便于区别。注意，在仪表板上的安全气囊系统指示灯有气囊动作图形、“SRS”字样、“AIR BAG”字样、“SRS AIR BAG”字样等。

第五篇

车辆故障综合诊断

第一章　车辆故障诊断的基础知识

第一节　汽车故障的模式及故障类型

一　汽车故障的定义

汽车故障是指汽车部分或完全丧失工作能力的现象，其实质是汽车零件本身或零件之间的配合状态发生了异常变化。

二　汽车故障模式

所谓失效是汽车部分或完全丧失工作能力的现象。汽车工作能力是其动力性、经济性、工作可靠性及安全环保等性能的总称。

汽车上常见的故障模式有以下几种类型：

(1)损坏型故障模式：如断裂、碎裂、开裂、裂纹等。

(2)退化型故障模式：如老化、变质、剥落、磨损等。

(3)松脱型故障模式：如松动、脱落等。

(4)失调型故障模式：如压力过高或过低、行程失调、间隙过大或过小、干涉、卡滞等。

(5)堵塞或渗漏型故障模式：如堵塞、气阻、漏油、漏气、漏电等。

(6)性能衰退或功能失效型故障模式：如功能失效、性能衰退、公害超标、异响、过热等。

(7)其他失效型模式：如润滑不良、缺油、异响、振动异常等。

三　汽车故障类型

汽车可能由于各种原因而产生故障，按照故障率函数特点可将故障分为三种类型：早期故障型、偶然故障型和耗损故障型。

(1)早期故障型：是汽车在开始使用时发生故障的可能性很大，随着时间的延长逐渐下降，称为故障率减少型，相当于汽车的磨合期。此类故障多是由于设计、制造、管理、检验的差错及装配不佳造成的。

(2)偶然故障型：其故障与时间无关，故障率变化甚微，称为故障率恒定型，相当于车辆的正常使用期。此类故障多是由于操作疏忽、润滑不良、维护欠佳、材料隐患、工艺及结构缺陷等原因所致，故障具有偶然性。

(3)耗损故障型：是指汽车经长期使用后，出现老化衰竭而引起的，其故障率随时间的延长而逐渐增加，称为故障率增长型。因此，若在故障率开始上升前提前更换或修复好将要损耗的零部件，则可降低故障率，延长汽车的使用薄命。

第二节　汽车故障的诊断分类与诊断参数

一　汽车故障诊断分类

汽车故障诊断大体上分为三大类，即机械故障诊断、电气故障诊断和机电综合故障诊断。各类故障诊断有各自独特的理论和方法。

1. 汽车机械故障诊断

对汽车机械系统工作状态的检测和诊断，往往是利用汽车运行过程中所表现出的各种物理性能或化学性能的变化，如温升、噪声、润滑油状态、自动变速器状态、制动液状态等来进行故障诊断。

2. 汽车电气故障诊断

汽车电气故障又可分为数字电路故障和模拟电路故障。

数字电路仅有“0”和“1”两种状态，列出其输入、输出关系真值表，就可以很方便地找到原因—结果对应关系。

由于模拟信号的连续性、非线性、容差、噪声以及检测点的有限性等，使诊断问题变的十分复杂。

3. 机电综合故障诊断

现代汽车是机电一体化产品，在汽车上大量采用了电子控制技术，电液控制技术，完全将机械装置和电控系统融为一体，两者相互交织，使当代汽车的故障呈现机电相互影响的特征。

二 故障诊断的条件

可概括六个字，即人才、设备、资料。要成为一名合格的汽车维修技术人员，必须具备以下几个条件：

(1)必须有够用的专业基础知识。掌握汽车的结构原理是故障诊断的前提。

(2)熟练自如的诊断方法。虽然有了基础知识，但通过什么方法来判断车辆的技术状况，完成对故障的诊断是关键。

(3)过硬实用的分析诊断能力。故障诊断的主要工作过程都在技术人员的大脑中完成，所以在行业中更多地强调用脑修车，这里实际要求的是一种逻辑思维能力，是建立一种思路及正确判断故障的能力。

三 汽车故障诊断参数

在进行汽车故障诊断时，需要采用一些能反映汽车技术状况，而又比较容易测得的间接指标，这些间接指标就称为汽车故障诊断参数。它是表征汽车总成结构技术状况或某些重要零部件工作性能的参数。

四 汽车故障诊断标准

诊断标准按照来源划分，可分为国家标准、制造厂制定的技术标准和使用单位制定的使用标准。

诊断标准按其性质来划分，又可以分为绝对诊断标准、相对诊断标准和类比标准。

第三节　汽车零部件的失效及失效分析

一　失效的基本类型

汽车零部件失去原设计所规定的功能称为失效。失效不仅是指完全丧失功能,而且还包含功能降低和有严重的损伤和隐患。

汽车零部件按失效模式可分为磨损、疲劳断裂、变形、腐蚀及老化等五类。一个零部件能同时存在几种失效模式或失效机理。

二　失效的基本原因

引起汽车零部件失效的原因很多,主要可分为工作条件(包括零部件的受力状况和工作环境)、设计制造(设计不合理、选材不当、制造工艺不当等)以及使用维修(使用中超载、润滑不良、滤清效果不好,违反操作规程、出现偶然事故、维修不当等)等三个方面。

三　失效分析的方法

失效分析也称故障分析。就是研究零部件的磨损、断裂、腐蚀、变形等失效现象的特征或规律,并从中找出损坏原因。失效分析的思路,就是对已经发生的失效事件,沿着一定的思路去分析研究失效现象的因果关系,进而寻找失效原因,提出改进措施,如图 5-1-1 所示。

按失效检验项目的分析思路主要用于零件的失效分析,按失效模式和系统工程的分析思路大多用于系统的失效分析。

四　失效分析的步骤

(1)收集原始资料。

(2)收集失效零件的残骸,这是进行失效分析的关键环节,也是判断零件失效原因的主要依据。

(3)确定和分析失效模式。

(4)对一些重要零件或在一些工况下不可能回收磨屑时,可将零件材料在仿效运行工况下进行模拟试验,以验证初步判断。

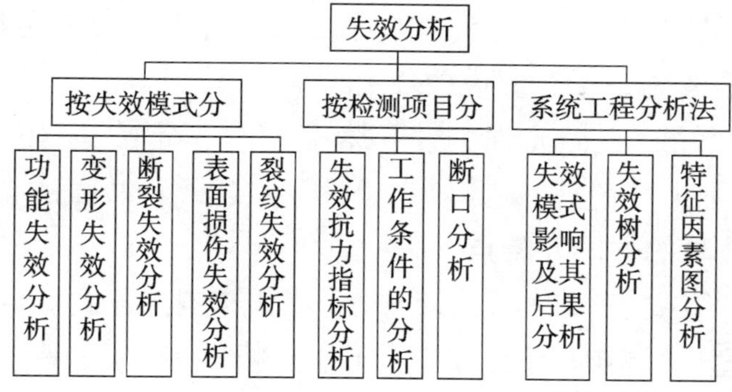

图 5-1-1　失效分析思路分类

(5)在完成各项检验后,将所得原始数据和试验结果汇总进行综合分析研究,然后从设计、选材、材质、加工工艺、装配、运行操作、维护及环境介质等因素中找出失效零件的主要原因并提出改进意见。

第四节　电控系统故障的类型及特点

一　电控元件故障类型及特点

汽车各类电控系统都是由传感器、ECU 和各种执行元件组成的网络系统,通常将这些系统的零部件统称为电控元件。

1. 电控元件的故障类型

电控元件出现故障,在程度方面有轻重之分;在时间方面有长短之分;在性质方面有产品自身(自生性)或其他(他生性)原因之分,归纳起来电控元件的故障一般有五种类型:

(1)永久性故障:即电控元件损坏,又称"持续性故障"。

(2)偶发性故障:瞬时状态不佳,又称"间歇性故障",信号时有时无、时弱时强,重现时间不定,有时偶尔出现,有时连续出现,无规律可循，较难判定捕捉排除。

（3）自生性故障：为电控元件自身产生的故障，与其他相关的元件无关，又称“真性故障”。

（4）他生性故障：电控元件本身无故障，因其他相关组件工作不良的影响而失常报警，又称“假性故障”。

（5）时效故障：电控元件的使用寿命都有一定的有效期限，超过了这个期限，轻则失准，重则失效。它概括了上述四种故障的全部内容。

2. 时效故障的性质和特点

电控元件随着工作时间的增加，会出现老化、衰退现象，即受热衰退、热应变、磨损、漏电、漏磁、漏光、干扰、过载等因素的影响，输出的工作参数失准，从量变到质变，进而失效报警，此即“时效故障”，这是自然规律。

时效故障出现的早晚，取决于四个方面，即：电控元件的工作时间叠加量；工作环境的好坏；内部结构的工作性质；使用维护是否及时合理。其中维护是否及时合理是关键因素。实践表明，电控元件的使用寿命，正常情况下都稳定在 10 万 km 以上，如图 5-1-2 所示。

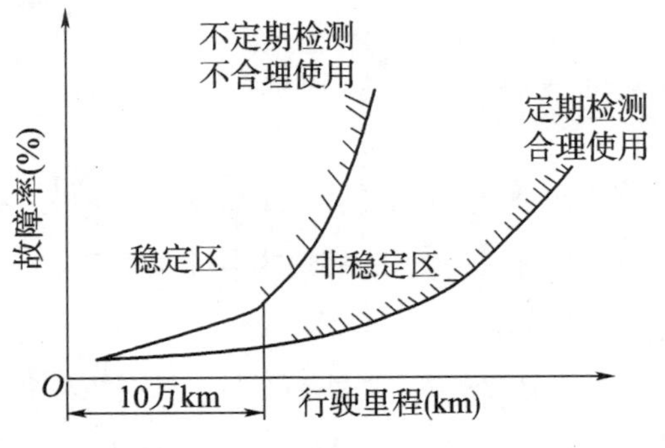

图 5-1-2　时效性故障的变化规律

3. 电控元件故障的确认方法

因电控元件工作性质各异，采用多元化的确认方法，将故障编为代码输出。

(1)值域判定法：输出信号超出正常值规定范围，自诊断系统就确认有故障。例如：冷却液温度传感器 CTS，正常控制范围为 -30 ~ 120℃，正常输出电压为 0.3 ~4.7V，如果小于 0.15V 或 4.85V 时，即报警存储，此谓失准故障。

(2)时域判定法：输出信号在一定时间内无变化，或变化未达到标准值时，自诊断系统即确认有故障。例如：氧传感器，输出电压应为 0.1 ~0.9V，并在 10s 内变化 8 次为正常。如在一定时间内，无 0.45V 基准电压输出，或电压不变化时(0.1 ~0.9V)，即报警存储，此谓失效故障。

(3)逻辑判断法：ECU 对两个相关传感器的工作参数对比分析，当其逻辑因果关系违反设定条件时，自诊断系统即确认有故障。

(4)功能判定法：ECU 发出工作指令，执行元件无动作功能，自诊断系统即确认执行元件有故障。

二　电控系统故障类型及特点

汽车电控系统故障可以分为常见故障和疑难故障两种。如果电控系统有明显的异常症状时，经仪器检测、车载自诊断或依靠维修经验能顺利确定的，这种故障称为常见故障，其诊断较为容易。电控系统疑难故障是指在利用仪器检测未能发现，使用车载自诊断仍不能确定，以及依靠维修经验还不能诊断的故障。

总结疑难故障存在的性质，大体可分为以下五种情况：

(1)潜伏性故障：是指汽车电控系统确实存在故障，但是没有明显的故障症状，故障原因难以查明。

(2)间断性故障：是指汽车电控系统出现故障后、症状表现很不确定，即时而出现、时而又消失，故障原因难以查明。

(3)交叉性故障：是指汽车同时出现机械、液压、油路和电控系统综合故障后，非电控系统故障交叉掩盖电控系统故障，故障原因难以查明。

(4)虚假性故障：是指汽车电控系统出现单一故障后，由于汽车处于运转的状态下，使得故障损坏程度进一步延伸并恶化，将电控系统故障以非电控系统故障的症状显示，故障原因难以查明。

(5)误导性故障：是指汽车电控系统出现故障后，由于驾驶人错误描述或故障码紊乱出现误导，维修人员不假思索地盲目照搬硬套而造成新的电控系统故障。

第五节　故障诊断的程序和基本方法

一　汽车故障诊断的基本程序

对于电控发动机电控系统的故障诊断，应按下述程序进行：

(1)询问用户故障产生的时间、现象、当时的情况，发生故障时的原因以及是否经过检修、拆卸等。

(2)初步确定出故障范围及部位。

(3)调出故障码，并查出故障的内容。

(4)按故障码显示的故障范围，进行检修，尤其注意接头是否松动、脱落，导线连接是否正确。

(5)检修完毕，应验证故障是否确已排除。

(6)如调不出故障码，或者调出后查不出故障内容，则根据故障现象，大致判断出故障范围，采用逐个检查元件工作性能的方法予以排除。

二　汽车故障诊断的基本方法

汽车故障诊断的四项基本原则：

(1)先简后繁、先易后难的原则。

(2)先思后行、先熟后生的原则。

(3)先上后下、先外后内的原则。

(4)先备后用、代码优先的原则。

在进行汽车故障检查及诊断时我们还可以综合运用以下方法，最终解决在车辆维修检测中遇到的问题：

客户调查、直观检查（包括看、听、摸、闻）、故障征兆模拟检测（包括环境模拟方法、增减模拟方法、输入模拟方法、状态模拟方法等）、确认电控元件（即元件级）故障部位的诊断法（包括模块分割法、静态测试法、动态测试法等）、原车故障自诊断系统诊断法、电路检测诊断法（包括万用表检测法、示波器检测法）、按照故障症状诊断表诊断、输入输出比较法、其他常用诊断法（如替换法、断路法、短路法、试灯法等）。

第二章　车载故障自诊断系统及其应用

第一节　车载故障自诊断系统的基本功能

车载故障自诊断系统所有的诊断都是自动进行的,不需要专门操作。利用车载故障自诊断系统能显示一般用户难以发现的故障,为主动安全起到了重要作用。

由于汽车电子控制本身就是一个信息处理系统,大多数故障信息包含在系统的各种信号中,因此不需要另设传感器以获得故障信号。只有少数器件(如执行器)的故障信息需附加监测回路才能获得。

ECU 对电控系统故障的识别方法如下。

1. ECU 对传感器故障的识别

1)电压型故障的识别

传感器的输出一般为电压信号,因此,通常将传感器输出电压信号作为故障诊断参数。当传感器内部发生短路或断路,或传感器与 ECU 之间的线路发生搭铁或断路时,其输入 ECU 的信号电压将超出正常范围。传感器的输出一般为电压信号,因此通常将传感器输出电压信号作为故障诊断参数。

2)时间型故障的识别

这是据传感器信号电压保持在某一范围的时间超过一定时限而被 ECU 辨认为故障的情况。此时,该传感器的诊断参数为信号持续时间。

3)传感器性能不佳的故障确定

当传感器输出的信号电压在正常范围内,而且从时间上也检查不出其存在故障时,ECU 采用多种推理方法或计算方法进行识别。

2. ECU 对执行故障的识别

对执行器的故障识别,一般是在 ECU 的驱动电路中增设专用检测回路,监测执行器的工作情况。如图 5-2-1 中,电子点火器与点火线圈、火花塞及其相应的连接线路构成执行器。ECU 中的 ESA(点火控制模块)发出一个点火信号,上述执行器便适时地点火一次。当电子点火器回路中的功率三极管由于某种原因不能发出正常的点火电压信号,ECU 也就得不到点火正常反馈信号,一般 ECU 在连续 6 次得不到反馈信号的情况下,就会判定点火系统出现故障。

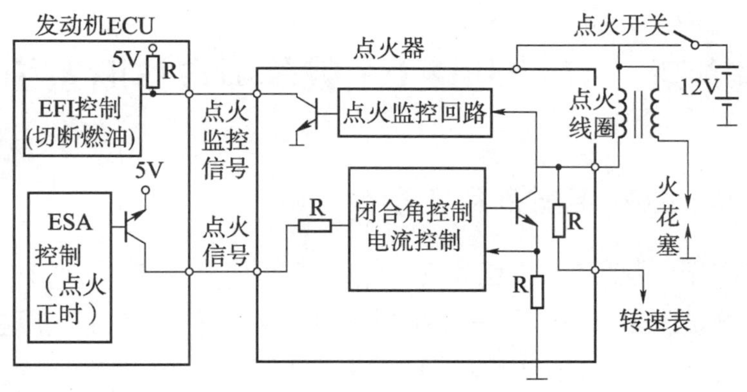

图 5-2-1　电子点火系统控制电路

3. ECU 本身故障的识别

在 ECU 内,为了实现对自身的监测,也设有相应的监控回路(在图 5-2-2 中的监视器)。ECU 正常运行时,ECU 的运行程序会对监视器内的计数器定时进行清零处理,这样,监视器中计数器的数值永远不会出现因计数满而溢出的现象。但当 ECU 出现故障时,ECU 便不能对这个计数器进行定时清零,致使此监视计数器出现溢出,在其输出端输出一高电平,据此可判定 ECU 故障。

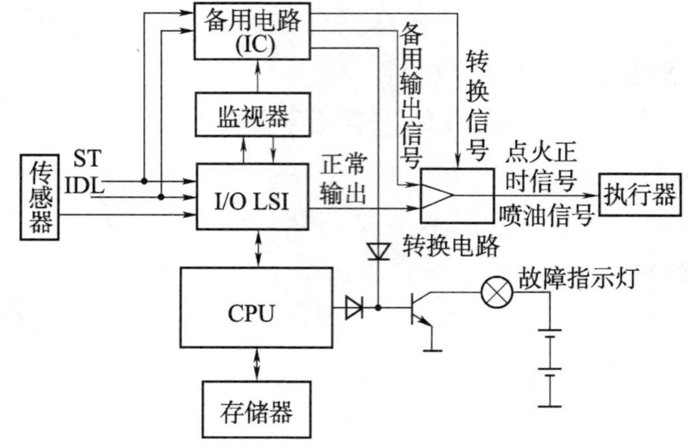

图 5-2-2　ECU 自身的监控、后备回路系统原理图

第二节　OBD-I 车载故障自诊断系统

一　OBD-I 车载故障自诊断系统简介

由于汽车的尾气排放是造成大气污染的一个重要因素，1985 年，美国加州大气资源局（CARB）开始制定法规，要求各汽车制造厂在加州销售的车辆，必须装备 OBD 系统，称为 OBD-I（第一代车载故障自诊断系统），同时，美国加州大气资源局规定 OBD-I 必须符合下列要求：

（1）仪表板上必须设置有“故障指示灯”（MIL），以提醒驾驶人注意特定的车辆系统已发生故障（通常是与废气控制相关的系统）。

（2）系统必须有记录/传输相关废气控制系统故障码的功能。

（3）电器元件监控必须包括：氧传感器、废气再循环（EGR）阀、燃油蒸发排放控制系统（EVAP）。

二　OBD-I 车载故障自诊断系统的运用

各汽车制造厂家自行开发的车辆，以及车辆的生产厂家、车牌不同，其故障检测诊断插座、故障码的位数和含义、故障码的读取方法、故障诊断的内容也千差万别，其故障码的读取既可以用人工方法进行，也可以利用故障检测仪进行，数据流功能较弱。

1. 进入故障自诊断测试状态的方法

(1)用诊断跨接线短接故障检测插座中的相应插孔（“诊断输入端子”和“搭铁端子”）。

(2)按压“诊断按钮开关”。

(3)拧动 ECU 上的“诊断模式选择开关”。

(4)打开空调控制面板上的“兼用诊断开关”。

(5)在故障检测插座相应插孔间跨接自制的带 330Ω 电阻的发光二极管，如图 5-2-3 所示。

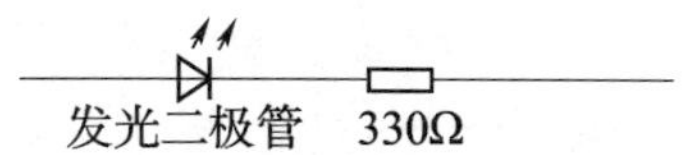

图 5-2-3　带 330Ω 的发光二极管

(6)点火开关在规定时间内连续接通和断开 3 次。

(7)点火开关置于“ON”，在规定时间内将加速踏板踩下 5 次。

(8)利用连接指针式万用表的方法。

2. 故障码的显示方法

(1)利用仪表板上的故障指示灯的闪亮规律显示故障码。

(2)利用指针式万用表显示故障码。

(3)利用发光二极管显示故障码。

(4)利用车上的仪表板显示屏以数字形式显示故障码。

第三节　OBD-Ⅱ车载故障自诊断系统

第二代车载故障自诊断系统（OBD-Ⅱ）的出现，是世界汽车工业界在开发车载故障自诊断系统过程中，由各自为政走向统一的一个里程碑。鉴于美国汽车工程师学会（SAE）在世界汽车工业领域的权威地位，

OBD-Ⅱ标准很快为世界各大汽车公司所接受，成为世界汽车工业的标准之一。OBD-Ⅱ具有特别监测发动机电控系统和排放系统部件的能力。

一 OBD-Ⅱ标准

OBD-Ⅱ标准包括有SAE标准和ISO标准（国际标准化组织标准）。

二 OBD-Ⅱ的目的

虽然OBD-Ⅱ技术仍相对较新，还未对售后的维修市场产生大的冲击，但这种冲击必将发生。政府规定车载系统能够对排放控制系统的失效发出警告，所以，所有1996年款的轿车和轻型车一律装备了OBD-Ⅱ。但OBD-Ⅱ的首次应用的时间是1994年。

然而，装备OBD-Ⅱ车辆上MIL灯的主要目的是提醒驾驶人，其车辆的废气排放量超标，需要进行修理。

三 OBD的发展趋势

OBD-Ⅱ技术先进，对探测排放问题十分有效。但对驾驶人是否接受MIL的警告，OBD-Ⅱ是无能为力的。为此，比OBD-Ⅱ更为进一步的OBD-Ⅲ大系统开发提上了议事日程。

OBD-Ⅲ主要利用小型车载无线收发系统，通过无线蜂窝通信、卫星通信或GPS将车辆的VIN、故障码及所在位置等信息自动通告管理部门，管理部门根据该车辆排放问题的等级，对其发出指令，包括去何处维修的建议、解决排放问题的时限等。总之，OBD-Ⅲ的主要特点是社会法规的支持。

此外，OBD-Ⅲ不仅能对车辆排放问题向驾驶人发出警告，而且还能对不接受警告者进行应有的惩罚。

第三章 典型故障分析方法在汽车故障诊断中的应用

一 故障码分析及在汽车故障检测诊断中的应用

故障码往往会指示某个元件有故障，在故障排除的过程中，维修人员往往将故障检测的注意力放在该元件本身、线路和 ECU 上，其实在故障维修的过程中，我们一定要考虑该元件所处的工作环境对故障的影响，否则即使是出现了故障码，故障也无法排除。电子信号的形状包括曲线、轮廓、上升沿、下降沿等。任何一个电子信号都应该具有幅值、频率、形状、脉宽和阵列等几个可以度量的参数指标。

二 充分考虑故障码指示部位所处的环境

在进行故障码分析时，还必须要充分考虑故障码指示部位所处的环境。例如，当读出曲轴位置传感器的故障码，故障检查时除了检测曲轴位置传感器触发齿轮是否变形或损坏、曲轴位置传感器触发齿圈和曲轴位置传感器之间的空气间隙是否正常、曲轴位置传感器本身是否损坏、曲轴位置传感器到 ECU 之间线路是否短路或断路、ECU 是否损坏之外，还应该考虑到曲轴位置传感器所处的环境，检查曲轴带轮是否损坏、曲轴的动平衡是否超差、飞轮是否损坏导致曲轴运转不平衡。对于装备自动变速器的车辆，液力变矩器损坏也有可能导致曲轴运转不平衡，从而导致曲轴位置传感器检测的信号不稳定而产生曲轴位置传感器信号不良的故障码。在大众奥迪车系中，如果读出的故障码后面带“/SP”，则说明该故障码是偶发性故障码。如图 5-3-1 所示。

影响汽油发动机性能好坏的要素有进气系统密封性的好坏、点火性能的好坏、空燃比的大小等。检测进气系统密封性常用的方法有汽缸压缩压力检测法、汽缸漏气量(或漏气率)检测法、曲轴箱窜气量检测法、进气管真空度检测法等。

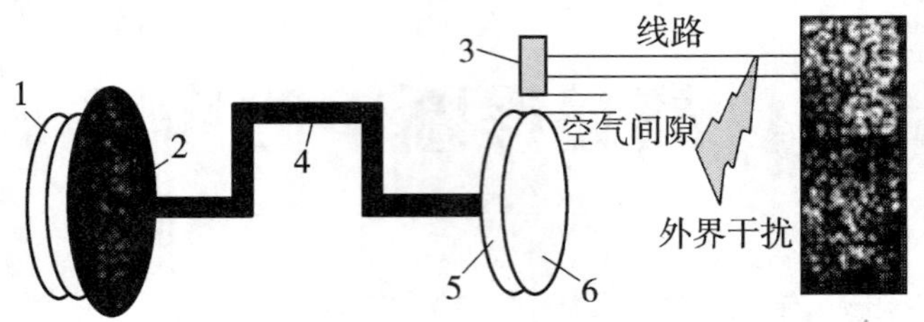

图 5-3-1　曲轴位置传感器的故障环境

1-液力变矩器;2-飞轮;3-曲轴位置传感器;4-曲轴;5-曲轴带轮;6-曲轴位置传感器触发齿圈

三 根据故障码的内容确认故障诊断的思路

每个故障码均有特定的故障内容,故障码的内容基本上可以提示维修技术人员一个基本的诊断思路,因此在根据故障码进行故障诊断的时候,一定要明确故障码的内容。

数值分析是对数据的数值变化规律和数值变化范围的分析,即数值的变化。

电子信号的幅值,是指电子信号在一定点上的即时电压,也表示波形的最高和最低的差值。

排放标准是国家或地区的废气排放限值,而诊断标准是一辆车在相对理想工况下运行的标准数值。如果车辆的排放测试值符合国家的排放标准,则说明该车的性能一切正常,没有故障。发动机暖机后才能使用尾气分析仪进行尾气检测。读取尾气测量数据前,一定要让发动机怠速运转较长一段时间。进行尾气分析时,一般要求在热机怠速并且无额外负载的条件下测试尾气。

参 考 文 献

[1] 中国汽车维修行业协会.发动机与底盘检修技术[M].北京:人民交通出版社,2008.

[2] 潘承炜.汽车发动机设备构造与维修[M].杭州:浙江科学技术出版社,2006.

[3] 王新祥.汽车底盘构造与维修[M].杭州:浙江科学技术出版社,2006.